eビジネス新書

No.398

週刊東洋経済

JN036136

無敵の話し方

完全レクチャー!

週刊東洋経済 eビジネス新書　No.398

無敵の話し方

本書は、東洋経済新報社刊『週刊東洋経済』２０２１年１０月２日号より抜粋、加筆修正のうえ制作しています。情報は底本編集当時のものです。（標準読了時間　９０分）

無敵の話し方　目次

「生き方も価値観も人のすべてがにじみ出る」

作家・元外務省主任分析官　佐藤　優

生き馬の目を抜く政官の舞台裏で交渉テクニックを磨いてきたのが、作家で元外務省主任分析官の佐藤優氏である。その技巧はビジネスの現場でも大いに参考になるはずだ。

――交渉力で修羅場をくぐり抜けてきたという印象があります。

政治家相手は難しい。政治家の持つ知識に、ばらつきがあることが問題だった。きまじめに話の誤りを指摘すると、「君、入省何年だ？　局長に君のことをよく話しておくよ」とにらまれる。「元気があっていいじゃないか」というせりふは、「おまえは終わりだ」という意味だ。

　政治家が「イラン人はアラブ人だ」と発言したとしよう。「先生、確かにおっしゃるとおりで、イランの中でもごく一部ですが、アラブ系の人がいます。ニョロニョロッとアラビア語のような字を書きますよね……」と、話の一部を肯定する。そして徐々に正しい方向へと上書きしていく。

「ただ先生、あれはペルシア語なんです。アラビア語とはちょっと系統が違いまして、ペルシア語はドイツ語や英語に近い。先生のお話をきちんと伝えるためには、イランに関してはアラブというよりはペルシアというご認識で表現されたほうがより正確になります」という具合だ。

「そういえば、そうだな。君、いいところに気がつくじゃないか。イランはペルシアだから、気をつけないといけないね」と、言ってくれたら狙いどおりである。

　政治家は自分にとって役に立つと思えばいくらでも話を聞いてくれる。基本的には話し上手な人たちなのだが、そういう人たちは面白い話を聞くのが大好きな人種だ。引き出しの中に話のネタがたまっていくのが好きなのである。

政治家が使う説得術

政治家は、相手の意思に反することを強要する技を持っている。熟練の政治家の網にかかると、自分が損するはずのことでも、なぜか自発的に従ってしまう。これは錬金術師の技法である。

錬金術を学ぶことが極めて重要だ。マニュアルはカール・ユングの『心理学と錬金術』がよい。そこに要諦が書いてある。「曖昧なることを説明するに一層曖昧なることをもって、未知なるものを説明するに一層未知なるものをもって……」。いったい何を言っているのだろう?

曖昧なることを曖昧な概念で言い直す。わからないことの上に、わからないことを積み重ねていく。こういうやり方は難しい問題を相手に納得させるうえで重要である。論理立っていないことだが、究極の説得術といえる。

説得術や交渉術は声色、目つき、そのときに着ている服のほか、身体表現、体臭など、全部含めて考えるべきものだ。どんなに優れた技巧を持っていても、風呂に2週間入っていなければ、説得力はゼロでしょう。「いいこと言ってるかもしれないけどあいつ臭いぞ」で、おしまいだ。だから、身体に備わる全表現の勝負なのである。

話すことに関しては、極力うそをつかない。仕事上、どうしてもうそをつく必要がある場合は、そのうその部分だけは絶対に記憶しておく。

――話す力はどう磨けばよいのでしょうか。

読む力、聞く力、書く力、話す力という4つの力の中で、話す力は最も応用が利く。それに対して基礎力は読む力だ。外国語の場合はよりはっきりするのだが、読んでわからないものは聞いてもわからない。ましてや書くことや話すことなんてできるはずはない。

読解力と記憶力、そして情報処理力が基礎となる。読書はかなりの量が必要だ。量が質へと転化していく。基礎となる2冊から3冊の本をゆっくり読むことから始める。基本書でその概念がわかると、あとは速読ができる。

ところが、いきなり目の動かし方などの速読術に走るから、物事を理解できない。

ロシア語の文章があっても、普通の日本人にとっては、紙の上のインクのシミにすぎない。その意味において、読む力が極めて重要であり、それが話す力の基礎となる。

読む力が十分にあっても話すことが苦手な人はいくらでもいる。そういう人にお勧めなのは書くことだ。書いたものを読み上げる。それを何度も繰り返すうちに、書かなくても自分の頭の中で組み立てて話せるようになる。話す力は総合力なのである。

話し方の技法といっても、それは氷山の一角でしかない。その下に巨大な氷の塊がある。読むこと、聞くこと、書くこと、その人の生き方や価値観……。その全部が話し方ににじみ出てくる。

最悪なのは、保身のためのポジショントークであり、これをやるなら黙っていたほうがいい。政治家はうそをつかないといけない局面はあるが、しかし極めて重要な局面で黙っていることもできる。

――情報の引き出し方は?

政治家や役人には「先生、ご存じないんでしょうか?」「局長、ご存じないんでしょうか?」の一言が効く。「知らないということは自分がレベルの低い人間だとみられること」と思って、必死になって調べて、「ここだけの話なんだけど……」と教えてくれる。

「局長、ご存じないいいんですか」という言葉の裏では、「局長のところには聞こえてこないんですか?」んですか?」「えっ! 君、いったい何を言っているんだ」という、声にならないな会話が成立しているのだ。

(本当に必要な相手とだけ情報を共有する) need to know の原則がインテリジェンスの不文律である。知らないことを「知らないです」「それは私は担当してませんから」と言うと、相手には「知らされていない」「権力がない」と受け止められる。キーワードさえ知っていれば情報は山ほど得られる。

どの場面でも大切なのはうそをつかないことだ。応用編としては、うそをついた場合にはよく覚えておくこと。覚えておいて、一貫してうそをつき通せばそれはいつしか真実となる。

(聞き手・堀川美行)

佐藤　優（さとう・まさる）

1960年生まれ。85年同志社大学大学院神学研究科修了後、外務省入省。『自壊する帝国』で大宅壮一ノンフィクション賞受賞。『読書の技法』『獄中記』など多数の著書がある。

聞き手とつながるには「共感と信頼」が最重要

グローコム社長・岡本純子

リーダーシップに最も重要なのがコミュニケーション力であり、話す力だ。8万7000人を対象にした米国のある調査では、リーダーが信頼されるには3つの要素が必要とされる。

1つ目がポジティブな人間関係力、2つ目が実行力、3つ目が決断力。日本では決断してそれを実行すれば、リーダーとして信頼されるとの認識が多いが、実はポジティブな人間関係構築力がまず大切だ。これがなければ信頼は築けないし、リーダーシップも発揮できない。

ポジティブな人間関係構築力とは、相手とつながること。重要なのが共感だ。相手の感情に寄り添う。とくにネガティブな感情に寄り添うことが必要。コロナ禍で不安や恐怖、孤独を感じている。その思いに寄り添って励まし、共感する力がまさに求められている。

ドイツのメルケル首相（当時）やニュージーランドのアーダーン首相など、女性リーダーの評価が高まっているのはそういった共感力の高さからだ。女性はひたすら感情のキャッチボールをしている。

伝える止まりではダメ

一方、男性はあまり感情と向き合うことをしないので、感情の言語化を苦手とする人が少なくない。菅首相（当時）も同様で、記者会見などの言葉が伝わらないのはそのためだ。感情と向き合わないのは世界的に男性に共通しているが、欧米の男性は伝える力、言語化する力を絶えず鍛えている。欧米のビジネスパーソンは会社帰りに、ストーリーテリング（物語を伝える）、即興劇、ボイストレーニングなどのワークショップに参加している。
そこまでこだわるのは、コミュニケーション力がなければ、ビジネスの世界で成功しないのがわかっているからだ。このため、教えるメソッドがあるし、研究機関も多い。コミュニケーションは、アートのように人を動かし、サイエンスのごとく方程式がある。

コミュニケーションには3つの段階があると考えている。それが、伝える→伝わる→つながる。

多くのリーダーは最初の「伝える」止まりで終わってしまっている。伝わって、つながって、共感しないと相手は動かない。結果的にリーダーシップを発揮できない。「伝える」はボールを一方的に投げるだけ。「伝わる」はボールを受け取ってくれるまで。「つながる」は相手からボールが投げ返され、ここで共感が生まれる。日本人経営者は「言えばわかる」との幻想を、早急に払拭すべきだ。
ただ、コミュニケーション力は生まれつきの能力ではなく、9割は慣れと場数で改善できる。コミュニケーションを鍛えていくのは知識よりは体、筋トレに似ている。自分流でやると、変なところに筋肉がついてしまう。正しい型を覚えれば、実は1〜2時間のトレーニングで変貌する。日本人経営者の場合、いわば、小さいガラス瓶に閉じ込められているような人が多い。そこからいったん出てもらうことが肝要だ。

例えば、スピーチ冒頭のあいさつ部分で、へりくだる言い方が日本人経営者には多い。「本日は5Gの未来についてご説明させていただきたいと思います。ぜひ最後までお聞きいただければ幸いでございます」といった調子だ。これを聞いた途端、「この人の話はつまらない」と思われてしまう。

こういった場合は、「本日は5Gの未来についてご紹介します。皆さん、5Gの未来を考えたことはありますか」と話せばいい。自分の小さなガラス瓶から出て相手に近づく勇気を持ってほしい。言葉の〝過剰包装〟を一度ほどいて、生身の言葉でぶつからないと、化学反応は起こらない。少し表現を変えたり、声量を変えたりするだけで躍動感が生まれ、たちまちガラス瓶は割れる。

また、数字は丸めずに正確に言うことも必要だ。免疫のない言葉を使うということ。

ディテールがあると脳に記憶されやすい。数字に意味を持たせれば説得力が増す。

30秒のストーリー作りを

ノンバーバル（非言語）コミュニケーションもスピーチには重要な要素。ボディーランゲージは手の動かし方や首のかしげ方などすべてが意味を持つ。座り方一つで与える印象がまったく違う。

振り付けのように体を動かすことでコンフォート（居心地のいい）ゾーンを打ち破る。そういった練習を定期的に行う。ボディーランゲージを多用するトヨタ自動車の豊田章男社長はいったんコンフォートゾーンを出た人。ただ、日本ではやりすぎると反感を買うので抑えたほうがいい。

ソフトバンクグループの孫正義会長兼社長は技巧にはこだわっていない。2人とも割と自然体でこなしている。エネルギーが全面に出るタイプなので人が動かされる。

話す内容、コンテンツにはストーリーが重要だ。その際に相手が聞きたい話をすることだ。ボールを投げても受け取ってくれる人がいなければ意味がない。難しいことを話す、いわば剛速球を投げてかっこいいだろうではダメ。コミュニケーションとして最悪だ。

一般のリーダー層は、豊田氏や孫氏のようなストーリーはないかもしれないが、さまざまな体験から何かしらのストーリーはあるはず。聞き手にとって関心があること、関係が深いことなどから共感できるトピックスを掘り出しておくことはできるはずだ。

まずは、30秒で語れるストーリーを作ってみたらいい。なぜ、ストーリーが重要かというと、ファクトとデータだけを淡々と示すだけでは心に残らないからだ。人の心を動かすのはストーリーだ。

人間の脳は、感情がロジックより勝つようにできている。スローレーンがロジックで、ファーストレーンが感情。感情に脳は乗っ取られてしまうのだ。いかにワクチンが科学的データとして効果があるかを話しても、恐怖心にあおられると見えなくなる。感情に動かされるストーリーはデータやファクトよりも優越する。

「昨日、こういうお客様がいました」。そう話し出すと、自分の話ではなくても、たちまち情景が浮かび出し、頭の中に残る。ストーリーにすることで可視化ができる。ただし、自分の自慢話はよくない。いちばん簡単に作れるのは、私は昔こういうふうに考えていたけど、その後にこういうことを悟った、という話。そうすれば、皆さんに残る。事実だけでは残らない。そのためには聞き手の感情を揺さぶるようなトピックスの棚卸しをしておいて、使えるストーリーをストックしておくことだ。

スピーチやプレゼンに重要な共感力だが、負の部分があることには注意が必要。共感を偽装することで人を扇動していくデマゴーグのようなタイプ。最近ではトランプ前米大統領だ。感情だけでロジックのないコミュニケーションになる。話を聞いても情報を受け取る人と反感を買う人に分かれる。

人は正しいことよりも楽しいこと、たやすいことに関心が向かう。孤独と不安の時代なので共感されるとすごくうれしく感じる人は多い。感情の花火をどんどん打ち上げて、恐怖と怒りをたきつける。そんな人に操られてはいけないことを心しておくべきだ。

自分と同じ意見以外ははねつける対決ではなく、シンパシー（同情）やエンパシー

（共感）を超えた「コンパッション（人類的な共感力）」が求められる。

コミュ力では高市氏か

一方、日本の政治家はどうか――。21年9月17日にスタートした自民党総裁選に出馬した4候補者のコミュニケーション力を、同日に同党が実施した「所見発表演説会」のスピーチを基に評価してみた。

まず、その巧者ぶりが目立つのは高市早苗氏。エモーション（感情）とロジック（論理）を上手に操り、論旨も明快だ。河野太郎氏は堂々としたデリバリー（ボディーランゲージなど）だが、メッセージが弱く、言葉足らずな側面がある。岸田文雄氏は前回の総裁選よりも随分と練習を重ね、話す力を鍛えた印象だが、主張には力強さに欠ける部分もある。野田聖子氏はまだまだ、準備不足が否めない。

ある大手紙の調査では、次の自民党総裁に求める資質として「説明力」が筆頭に挙げられていた。コロナ禍の不安な時代には、国民にきちんと向き合い、納得のいく対話ができるリーダーが切望されるということだろう。

最後に、最も短いスピーチである「自己紹介」についてだが、その機会は結構多いはず。ポイントは、自分にとってのオンリーワンとナンバーワン、相手にとってのベネフィットワンを話すこと。自分の強みをこういった視点で発掘しておくべきだ。仕事内容についても所属名をただ話すのではなく、何の仕事をやっているのかを一言でわかるように伝える。記憶に残るフレーズは13文字といわれる。自分の強みを一言で言えるように事前に整理しておくべきだ。

「スピーチ&プレゼン」のポイント

①相手に寄り添う「共感力」が重要
②ロジックよりストーリーが心を動かす
③体を動かして自分の殻を打ち破る
④記憶に残るフレーズは13文字

岡本純子（おかもと・じゅんこ）

「伝説の家庭教師」と呼ばれるエグゼクティブ・スピーチコーチ&コミュニケーション・ストラテジスト。早稲田大学政治経済学部政治学科卒業。英ケンブリッジ大学院国際関係学修士。米ＭＩＴ比較メディア学元客員研究員。１９９１年読売新聞社入社後に経済部記者。２００１年退社後に米国でコミュニケーション術を学ぶ。帰国後にグローコム設立。

INTERVIEW　ソニー歴代トップの元スピーチライターが伝授

「覚悟、情熱、信念のスピーチが人を動かす」

ロジックアンドエモーション代表／ＣＥＯスピーチコンサルタント・佐々木繁範

盛田昭夫氏、出井伸之氏らソニー歴代トップの側近を務めた佐々木繁範氏に、人を動かすスピーチの要諦を聞いた。

――リーダーにとって説得力が増すスピーチの方法は。

古代からの教養書であるアリストテレスの『弁論術』。ここにスピーチにおける説得力の源泉が書かれている。ロゴス（論理）、パトス（感情）、エートス（信頼）が3大要素だ。まずはロジック。話す内容に根拠があるのかが重要になる。2つ目は感情、情動。論理だけで人は動かない。心を突き動かすには、感情に訴求することが大事で、手段としてはストーリーテリング。3つ目は信頼できる人柄、人格だ。話す内容がどんなに高尚でも、話している人は本当に信頼できるのか。コロナ禍で不安を抱えている今、この人にならついていけるという信頼が必要だ。

――共感、非言語、自己開示も重要と強調していますね。

話を届ける相手を思いやって、心情に寄り添い、理解しようと思うことが共感。相手の状況や関心にお構いなしに自分の言いたいことを一方的に話しても、相手には届かない。聞き手の状況や心情を想定し、彼ら彼女らに役立つ話ができるのかを考えることが大切。

スピーチは言語と非言語（雰囲気や態度など）の双方がそろってメッセージとして発信される。言語と非言語それぞれのメッセージにズレが生じたときは、非言語が勝ってしまう。いくらすばらしいことを話しても、非言語から伝わる情報で「この人は何か裏がありそうだ」と感じてしまうと、エートス（信頼）が得られず、せっかくのスピーチが心に響かない。

自己開示とは本音で自分をさらけ出すこと。自慢話では参考にならないので、成功までの苦労談や苦難の時代を乗り越えた話、経営者としてさんざん悩んだ経験からどんな教訓が得られたのかを話すことだ。リーダー本人が体験した出来事や克服策、メンタル面やマネジメントの話は、どのリーダー層も共通して学べる。聞き手は「そこまで話してくれるのか」と感じ入って信頼にもつながる。

聞き手の立場で話す

――社外の講演での注意点は。

テーマだけを聞いてスピーチしてしまうと、聴衆が想定していた層と違うなど事故が起こりがちだ。講演の目的は何か、聞き手にはどんな人が集まるのか、自分は何を期待されているのか、それらを事前に想像し、何が話せるのかを考えて準備すべきだ。

――社長が社員に話す場合、具体的な構成はどうなりますか。

例えばテーマは「ポストコロナのＤＸ」。オープニングは懸命に働く社員の気持ちを理解し、社員の努力に感謝する。それから会社の変革プランの説明。まずは今なぜ、この改革が必要なのか（動機）を話す。次に具体的な施策説明。そして実現後の未来像（目的）だ。顧客との関わり方、商品のあり方などの未来図を、社員が想像しやすいように明示したうえで、具体的な行動プランを話す。クロージングはいちばん伝えたいメッセージを繰り返す。人を動かすスピーチには覚悟、情熱、信念が感じられるものだ。

――スピーチが苦手な人へのアドバイスをお願いします。

苦手な人の特徴は、ベクトルが自分に向いている。自分がどう見られるかという不安に意識が集中し、そう思われないようにするのが目的になってしまう。自己開示ではなく誇張や自慢になる。守りの姿勢で自分の殻を抜け出せない。

そうではなく、ベクトルを相手に向けるのだ。聞き手の立場に立って、自分にやれることは何かを考えてスピーチすることだ。かっこよくなくてもいい。十分に感動を与える。このマインドセットがいちばん大事だ。

（聞き手・鈴木雅幸）

佐々木繁範（ささき・しげのり）

同志社大学卒業。米ハーバード大学大学院修了。1990年ソニー入社。2009年独立。著書に『人を動かすスピーチの法則』など多数。

冒頭の30秒が勝負　5つの「つかみ」と「?」

有名な動画配信プロジェクト「ＴＥＤトーク」スタイルでのプレゼンテーションは日本人には合わない。そう感じる人も少なくないかもしれない。１０年ほど前に、トヨタ自動車の豊田章男社長がジェスチャーを取り入れ、動き回るスタイルのプレゼンをモーターショーで披露したときは、「やりすぎだ」と眉をひそめる業界関係者もいた。

しかし、それから１０年。時代は変わり、リーダーのプレゼンスタイルの主流は、「インフォーマー」（informer）から「パフォーマー」（performer）へと大転換している。前者は演台の後ろで「棒立ち」し、原稿を淡々と「棒読み」して、単に情報を伝えるスタイル。後者はＴＥＤトークのように動き回り、ジェスチャーを交えながら熱の入った訴えかけを行い、聴衆を「総立ち」にさせるスタイルだ。

コロナ禍で、大勢の聴衆を前にしたプレゼンの機会は減ったが、その分、オンラインでのプレゼンの機会が劇的に増加した。アップルやグーグルの発表会のように、「トップや役員、幹部が、まるでユーチューバーのようにプレゼンしなければならない」時代となり、筆者のところにも、「TEDスタイルのプレゼンをコーチングしてほしい」という依頼が増えている。

今、リーダーにはロジック中心の「情報伝達型」から、感情を刺激して行動を喚起する「共感醸成型」への脱皮が求められ始めた。質の高いデリバリー（ボディランゲージやアイコンタクトなど）とコンテンツ（話の内容）、そして高いパッション（熱量）という3つの要素を組み合わせた、戦略的プレゼンによって、聴衆の心をぐっと引き寄せる。そのノウハウこそがこれからのリーダーシップのカギになると考えている。

氷を壊し聴衆と一体化

TEDの中でもとくに評価の高いプレゼンの中から、皆さんも簡単にまねできる

2つのポイントをお教えしよう。

1つ目は「氷を壊す」。

「プレゼンは最初の30秒が9割」といわれる。冒頭部分で、聴衆の心をわしづかみにできれば、あとはこちらのペースで進められる。

中でもオンラインのプレゼンでは、聴衆は話し手の第一声を聴いただけで、その話を聴こうか、オフにしてしまおうか、決めてしまう。リアルでのプレゼン以上に、「つかみ」が重要。つかみを英語では「アイスブレーク」という。聴衆との心のつながりを阻む壁となる「大きな氷柱」を破壊し、聴衆と一体になる必要があるからだ。

では、どうしたら、もっとぐっと聴衆の心をとらえられるか――。TEDトークで最も視聴回数の多い「プレゼンベスト10」の中から、とくにお薦めの5つの「つかみ」のパターンを、事例と併せて紹介したい。

まず「つかみ」としては最もハードルが高いユーモア、想定外のサプライズ、聴衆との距離を縮めるストーリー、そして問いかけや告白から入るのも面白い。

お薦めの「つかみ」5パターン

①ユーモア

「おはようございます。気分はいかがですか？　すばらしいですよね。私はすべてに圧倒されています。だから、そろそろ帰ります」

【解説】ＴＥＤトークで最も人気の高いプレゼン、イギリスの思想家、ケン・ロビンソンの「学校教育は創造性を殺してしまっている」のオープニング。ユーモアは最もハードルの高い「つかみ」ですが、鉄板ネタを１つでも持っているとあっという間に場が温まります。

②サプライズ

「悲しいことに、私が話すこの１８分間に、４人のアメリカ人が、彼らの食が原因で死ぬことになります」

【解説】イギリスの有名シェフ、ジェイミー・オリバーの「子どもたちに食の教育を」

の冒頭。ショッキングなデータで会場を驚かせます。意表を突く「想定外」は鮮烈に脳に記憶されます。

③ストーリー

「さて、この話から始めましょう。2年前、イベントプランナーが電話をしてきました。彼女は電話口でこう言いました……」

【解説】アメリカの研究者、ブレーネ・ブラウンは「傷つく心の力」で、身近に起きたストーリーから話を始めます。できれば、そのストーリーの「オチ」がメインのメッセージに関連するものが望ましいのですが、その日の出来事のような軽いエピソードでも、聴衆との距離を縮めることができます。

④質問

「物事がうまくいかなかったときにどう説明しますか？あるいは、常識をすべてひっくり返すようなことを誰かが成し遂げたときにどう説明しますか？」

【解説】アメリカの有名なコンサルタント、サイモン・シネックは「優れたリーダーはどうやって行動を促すか」のプレゼンを、問いかけから始めました。質問を投げかけるのは、オープニングの最もメジャーな方法です。

⑤告白

「最初に告白させてください。20年ほど前にしたあることを、私は後悔しています」

【解説】アメリカの作家、ダニエル・ピンクの「やる気に関する驚きの科学」はちょっとびっくりする告白で幕を開けました。「実は私…」これだけで、案外面白い「つかみ」になるわけです。

問いかけを15%入れる

「アイスブレーク」のほかにもう1つ、あなたのプレゼンを一気にTED風にする技がある。それは、「『。』を『?』に変えてみる」ことだ。「TEDトーク」で最も人気のある上位25位までのプレゼンを分析したところ、次の3つの共通する特徴があった。

①笑いをとっている
②拍手や歓声を集めている
③問いかけが多い

「?」の問いかけの数を数えると579もあり、ピリオド、つまり日本語の「。」は3910。「。」で終わる文が全体のうち6に対し、「?」で終わる質問や問いかけは1。約15%の割合で「?」を入れていくべきだという結果になった。

つまり、「○○です」の代わりに、「○○でしょうか」などと語りかける。一方通行で語るのではなく、なるべく対話調で進める。これが聴衆との共感を生むTEDスタイル流プレゼンの鉄則だ。聴衆の心をつかむ2つの技を、ぜひお試しいただきたい。

日本人に特有の問題といえる「言葉の過剰包装」はプレゼンでも不要だ。これまで、1000人以上の企業幹部の指導を行ってきたが、なんと99%の方がこの課題を抱えている。

「おります」「あります」「させていただきます」「と思います」「と存じます」などなど、とにかく堅苦しくへりくだった言葉遣いはいただけない。導入がこれでは、聴衆は〝幽体離脱〟してしまう。

「今日はこんな楽しい話をしますよ！」ということがわかるように前置きは短く、さっさと本題に入るように変えてほしい。

「プレゼン（実践編）」のポイント

①インフォーマーからパフォーマーへ
②デリバリー、コンテンツ、パッション
③なるべく対話調で話す

（グローコム社長・岡本純子）

【褒め方&助言】「本音」「納得」を引き出すトヨタ式

上司と部下が一緒に解決策を探る話し合い

ラヴィエ法律事務所弁護士・加藤裕治

トヨタ生産方式を取り入れ、生産性や業績の向上を図ろうとする企業は多い。しかし形だけ取り入れても、なかなか成果にはつながらない。トヨタ自動車には独自のコミュニケーション術が存在するからである。

トヨタが最強といわれる現場をつくってこられたのは、社員に共通の価値観や哲学、すなわち「カイゼン」の精神が根付いているからだ。そして「カイゼン」がうわべだけのものでないのは、社内で徹底した「話し合い」ができているためだ。伝統的に「人づくり」に熱心で、後輩の指導をいとわない風土も関係している。

私は1975年にトヨタに入社し法務部に所属、84年から労働組合（労組）の専従となった。そのおかげで多くの先輩たちや工場部門の話を聞く機会に恵まれ、強さの神髄に触れた。

トヨタの上司と部下の関係を表す場面で印象深いのは、製造現場で何か問題が起こったときだ。担当者が迷わずラインを止めるのだ。もしラインを止めて「何をやっているんだ！」と上司から叱られるのなら、万が一、不良箇所を見つけても怖くて見逃してしまう。

逆に「問題があれば遠慮なく止めていい」と言われると、自分は信頼されていると感じ、期待に応えようとする。トヨタではラインを止めても「何をやっているんだ！」と叱らず、「よくやった」と称賛されるのである。上からの圧力におびえ、ミスや異常をやり過ごすような部下をつくってはいけないと考えているのだ。

トヨタには「起きた現象に対して最低5回は『なぜ』を繰り返し、現象を引き起こしている真の原因を突き止めよ」というルールがある。入社5～6年の若手は先輩社員による職場集合研修において、「なぜを5回以上」という問題解決ルールを徹底的に学ぶ。

例えば若手が提案した改善事項について先輩社員が「なぜそう考えるのか」を問い、段階を踏みながら問題解決を図っていくのだが、やみくもに「なぜ」が連発されるわけではない。もし上から目線で深い意味もなく「なぜ」が繰り返されたら、若手にとっては圧力でしかない。

トヨタの場合は先輩社員がよく勉強し、努力を惜しみなく続けている。そこから得た明確な理由や根拠を基に、若手に「なぜ」と問いかける。若手も先輩社員から多くを学び、尊敬の念を持っているので真剣に答えようとする。

そうしたコミュニケーションを通じて、普段の仕事の現場においても上司と部下とで一緒に問題解決を図ろうという信頼関係が構築されている。もちろん、部下が自分自身で考えることが大切なので、上司はヒントを与えたり、考える土壌をつくったりすることで部下を助ける。

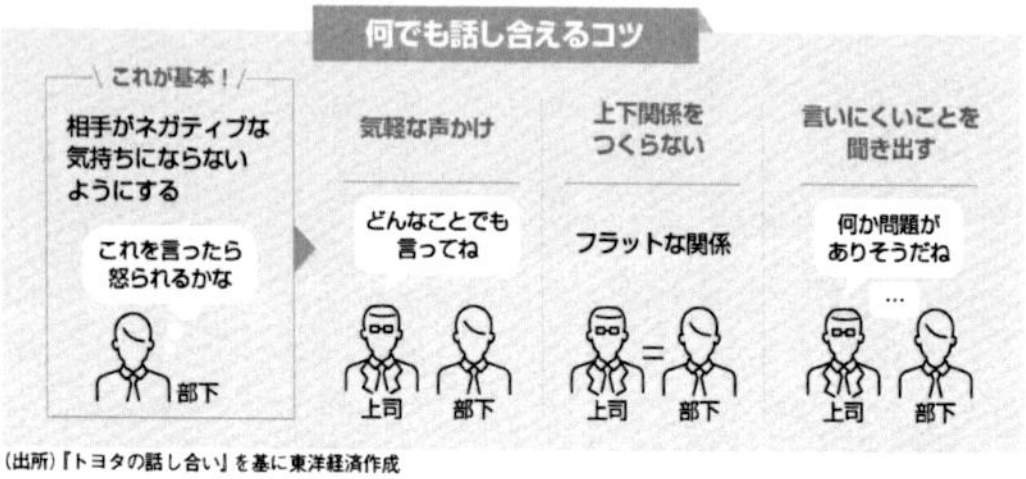
何でも話し合えるコツ
これが基本！
相手がネガティブな気持ちにならないようにする
これを言ったら怒られるかな
部下
気軽な声かけ
どんなことでも言ってね
上司
部下
上下関係をつくらない
フラットな関係
上司
部下
言いにくいことを聞き出す
何か問題がありそうだね
…
上司
部下
（出所）『トヨタの話し合い』を基に東洋経済作成

トヨタの現場のリーダークラスは部下にいつも「動きがいいね」「今日は顔色が悪くないか」などできるだけ声をかけるようにしている。時には仕事にはあまり関係のない話も飛び交うが、そんな気軽なコミュニケーションの蓄積が大切だ。「上司と部下はフラットな関係」という意識が根付いており、だからこそ、部下は普通なら言いにくい悩み事や相談事を上司に明かしてくれるようになる。

巨大企業には、部下から上司に意見を言うことが難しい組織は相変わらず多いのではないか。しかし、トヨタでは当然のように部下が上司に改善を提案する。「出すぎたことを言うな」と否定されることは決してない。部下の提案を最大限尊重し、それが聴くに値するものであれば、称賛するのがトヨタ式だ。問題を発見し、改善提案を行う社員を評価するので、社員はより意欲的に働く。

一方で、提案が出てこない部下を放置したままにしないで、「何か悩んでいることはないか」とフォローを続けるのも特徴だ。「なぜアイデアが出ないのか」。上司と部下が徹底的に話し合いながら、その理由を深く背後までさかのぼって探り、解決に導くことも少なくない。

トヨタでは上司と部下の関係は、前向きで建設的だ。職場で社員が萎縮していたり、遠慮がちになっていたり、ネガティブな気持ちに陥ったりしている光景を見ることはまずないのである。

多数決で決めない

私は自動車総連の会長なども務めた関係で他社の様子も見てきたが、多くの企業はトップダウンで情報が伝達されていた。一方、トヨタでは労組がきめ細かく情報伝達の役割を担い、末端の社員一人ひとりにまで重要な議論の方向性や意義などが伝えられる。そのため、物事の決定に至るまでのプロセス、情報が社内でよく共有されていた。

膨大な数の社員を束ねるうえで、大きな役割を果たすのが「職場会」だ。トヨタでは各職場に組合員代表の職場委員がいて、10人前後の職場会をまとめている。

会議や話し合いに参加する人数は10人前後がベストだ。10人程度なら全員の表情が見えるので本心かどうかを把握できるし、ちょっとした時間や場所を選んで招集をかけられる。堅苦しくない場だからこそ、職場会ではまさに十人十色の意見が取り交わされ、本音で話し合っている。

自分たちの働き方に大きく関係することなので、安易に多数決で物事を決めない。時間はかかっても必ず「全員納得」の結論にこだわる。多数決で決めないのは、少数意見を切り捨てずに尊重し、丁寧に対応しようとする姿勢の表れでもある。「相手を大切にする」気持ちが強いのである。

職場委員などを通じて職場でのさまざまな問題が挙がってくる。普段から「とにかく気づいたことは何でも報告してほしい」「遠慮や報告隠しは絶対にやめてほしい」というのがルールなので、多種多様な悩み事、本当にささいなことも集まるが、それが個人的な不平不満なのか、職場共通の問題なのかは話し合いの場で判断する。ささいな問題提起から重要な検討事項になった例も少なくない。我慢せず、何でも話せる組織の存在がトヨタの強さの源泉なのである。

「褒め方&助言」のポイント
①問題対処への行動は称賛する
②部下を信頼し自立心を育てる
③フラットな関係で話しかける

加藤裕治（かとう・ゆうじ）
トヨタ自動車の労組専従として自動車総連会長、連合副会長などを歴任。60歳で司法試験に合格。著書に『トヨタの話し合い－最強の現場をつくった聞き方・伝え方のルール』など。

【評価面談】まず褒めて最後も褒める

部下を納得させるのはタイプ別のアドバイス

ビジネス作家・講演家／熱海市観光宣伝大使・臼井由妃

管理職にとって、雑談や仕事の進捗報告など部下と話をする機会は多い。今回はその中でもややフォーマルな場、とくに部下と1対1で行う評価面談での話し方を取り上げたい。

評価面談の場で、まず意識しておきたいのは、「緊張しない部下はいない」という前提だ。もちろん上司も緊張するが、上司がリードして、部下が本音を話しやすい雰囲気づくりに努めたい。

また、ダイバーシティーが進む今、部下も決して一様ではない。それぞれにコミュニケーションのスタイルも違うだろうが、上司の側が守りたいのは、「性別や年齢など相手の属性に関係なく、言葉遣いに気をつけ、丁寧な態度で」というルールだ。

よい評価も、悪い評価も、「部下を人として尊重している」と態度で示しながら伝えよう。評価面談は、一定の期間の仕事ぶりについてフィードバックする場であると同時に、今後の仕事をいかによくしていくかを探る場でもある。部下のやる気をそぐ「お説教」ではなく、「有益なアドバイス」ができる上司を目指してほしい。

さて、面談の構成だが、全体の印象は多くの場合、最初と最後で決まる。人の記憶に強く残るこの部分は極力ポジティブな内容を心がける。まず褒めて、厳しい話は中盤に、最後はまた褒める。

期末面談であれば、「今期もよく頑張っていましたね」と始めて、部下が取り組んだ仕事について、少し話してみてもいいだろう。

場が温まったら、具体的な評価内容に入る。低い評価を伝えなければならない場合もあるだろうが、そのときも渋い顔はしないほうがいい。面談の目的は部下を萎縮させることではないはずだ。

部下の本音を聞き出す

丁寧に評価の内容を伝えたうえで、部下自身がそれをどう受け止めたか、また、現在の仕事についてどのように考えているかを聞き出すことも重要だ。

本音を話してもらうにはコツが要るし、全員に同じやり方が効くわけではない。どんな部下であるのかによって、上司のアプローチも変えたほうがいいだろう。ここでは部下を大きく3つ、①指示待ちタイプ、②平均点タイプ、③バリバリ優秀タイプに分けて考える。

まず、①指示待ちタイプ。自主性に欠けるこのタイプの部下は、見方を変えれば、「伸びしろが無限大」と捉えることもできる。伸びしろの大きさを会話の糸口として、「実はこういうことがやりたい」など、本人の考えを引き出したい。上司がうまく対応できれば、大きく変わる可能性がある。

②平均点タイプは、そつなく仕事をこなす。コミュニケーション面でも問題なく、内外の評判も悪くない。が、上司にとっては対応の難しいタイプかもしれない。「よ

くできていますね」に加えて、例えば「これからは、もっとあなたの意見を教えてくれたらうれしいです」と声をかけ、さらに仕事にコミットする意思がありそうかどうかを確かめるのも手だ。

③バリバリ優秀タイプは、十分に成果を上げており、本人も評価されて当然と面談に臨むだろう。このタイプには、成果を認めるのはもちろん、「あなたならもっとできる」と、場合によっては少し突き放した言い方をしてもいい。一部の社員が成績のよさに慢心すれば弊害もある。「会社の将来はあなたの肩にかかっている」など、能力の高さを認めつつ、謙虚に仕事に取り組めるよう促したい。

面談では、言葉の選び方にも気をつけたい。とくにDから始まるネガティブワードは避ける。例えば、「だめだ」「できない」「どうせ」などだ。一方で、Sから始まる言葉には、「最高だ」「さすが」「すばらしい」といったポジティブなものが多い。こうした言葉は人の心を前向きにする。

要注意なのが「頑張れ」だ。自分を鼓舞するにはいい言葉だが、実は扱いが難しい。すでに限界まで努力している部下にさらにというのは当然不適切だし、明らかに頑張りが足りないと見える場合も、「困ったことはありませんか」と相談を促すほうがいい。「あなたの頑張りをちゃんと見ていますよ」と伝えていくほうが、結果的に部下の意欲を高めそうだ。

「評価面談」のポイント

①「頑張れ」には要注意
②「お説教」ではなく「アドバイス」を

臼井由妃（うすい・ゆき）

ビジネス作家・講演家・熱海市観光宣伝大使。33歳で病身の夫の跡を継ぎ経営者となる。『やりたいことを全部やる！時間術』『心が通じるひと言添える作法』など著書多数。

INTERVIEW 『人は話し方が9割』著者が助言

「話すことが苦手なら、聞き方を磨け！」

人財育成JAPAN社長・永松茂久

どんな仕事であっても、一人で完結することはなく、人と人との連携が大事である。よい商品を作るのは重要だが、売る立場の人にその思いが伝わっているかどうか。そうでないと、よい商品もダメになる。

まず頭に入れておきたいのは、話し方と聞き方はセットであるということだ。相手の言葉をよく聞かないと、よく話すことはできないし、伝えることはできない。そうした意識を強く持つべきだ。

基点は聞くことである。話すことが苦手だったら、まず聞き方を磨く。よく聞く人は絶対に好かれる。笑顔でうなずいて、話に共感する。とくに社内ではこれを実践すべきだ。会議で威力を発揮するのは、リアクションの力である。仏頂面で「よい意見を出せ」と言ってもダメ。余計な一言が出たとき、「何言ってんだよ」という空気になると、パフォーマンスは下がりっぱなしになる。

僕らのチームのミーティングは、基本的には雑談中心だ。とにかくみんなで集まって、よい空気を作る。議論はなかなか整理されず、社外の人からは「非効率では？」「無駄では？」と言われるが、楽しい会話から生まれた仕事はすべてよい結果となる。「はい、企画会議です。ポイントを外さないようにやりましょう」とガチッと進めていたら、（ベストセラーとなった）『人は話し方が9割』という本は世に出なかった。

部下には「おまえはダメだ」ではなく、「何やってんだよ。おまえらしくないな」と言葉を変えるだけで、前向きに捉えてくれる。本当にものは言いようなのだ。

（構成・堀川美行）

永松茂久（ながまつ・しげひさ）
経営、講演だけではなく、執筆、人材育成などにも携わる。自身のセオリーを伝える「永松塾」主宰。『在り方　自分の軸を持って生きるということ』『人は話し方が9割』など著書多数。

【意見提案】「今お忙しいですか？」は禁句

上司に嫌われずに意見をうまく通すワザ

ビジネス作家・講演家／熱海市観光宣伝大使・臼井由妃

直属の上司と話す機会はどのくらいあるだろうか。会議で同席したり、毎日メールのやり取りをしたりする一方、「1対1で話をしたのはずいぶん前」と答える人も意外と多い。

企業文化や職種によって事情は異なるが、今回は、やや緊張感のある場面を想定する。上司に「意見提案」をしたり異動や担当替えなどの「希望」を伝えたりする場面だ。上司とのよい関係を保ちつつ意見や希望を聞き入れてもらう。そんな話し方を考えよう。

最初に、多くの部下が犯す重大な間違いについて押さえておきたい。その間違いとは、声をかけるタイミングだ。「いつでも話しかけて」と言われたことがあったとしても、現実として上司にも生活があり、話しかけてはいけない時間がある。帰り際だ。

上司にも生活がある

帰り支度を整える上司に「今ちょっといいですか」と言う部下は、非常に多い。読者にも、身に覚えのある人がいるかもしれない。

だが、仕事を終えてやっと帰れるというときに呼び止められた上司は、内心穏やかではないだろう。とくに保育園のお迎えの時間が決まっている子育て中の上司や、単身赴任中で金曜夜は新幹線に一刻も早く飛び乗りたいという上司にとっては最悪のタイミングだ。しかも、部下の話は「ちょっと」で終わらなかったりもする。

下手なタイミングで声をかけたばかりに上司が上の空というのでは、元も子もない。上司の状況、話をしっかり聞く余裕がありそうかどうかを見極めたい。

仕事中に、「今お忙しいですか?」と聞くのも避けよう。とくに周りに人がいるときは、この聞き方だと時間をとってもらいにくい。「忙しくない」と答えて、暇人だと思われたくはないからだ。

話をする側も聞く側も負担が少なく、互いに整った状態で臨むために、「○分ほどお時間をいただけるタイミングはありますか」と前もって聞くといい。所要時間がどの程度か事前にわかっていれば、上司もスケジュールを調整しやすい。5～10分ほどであれば、その日のうちに話ができることも多いだろう。

声をかけるときは、何を話したいのかも簡単に伝えておく。「折り入ってご相談があるのですが」はよく使われるが、「面倒ごとだろうか」と相手が身構えてしまう言葉でもあるので、できれば別の表現を考えよう。

仕事の提案であれば、「面白い切り口があるので聞いていただけますか」や、「○○の改善点を考えました」などだろうか。事前にポジティブな印象を共有できそうな伝え方をしたい。

上司の時間をうまく確保できたら、それをどのように使うかが重要だ。伝えたいことは1つに絞っておこう。せっかくだから、と多くのことを一気に話してしまったら、それぞれの印象は薄れる。

話の流れとしては、「お忙しいところありがとうございます」と感謝を伝え、前向きな話から始める。営業成績アップのため、チーム力向上のためなど、「今日は望ましい結果につながる話をするのだ」という前提を作っていく。

続く具体的な内容は、コストや労力の面で即断が難しい話かもしれないし、上司にとって頭の痛い話かもしれない。職場やチームの問題を指摘する場合もあるだろう。このパートについては、事前に内容を整理し、過度に愚痴っぽくならないよう留意したい。愚痴をこぼすこと自体を否定しはしないが、今回の目的は意見提案。愚痴は、意見ではないのだ。

メインの話を終えたら、最後はまた前向きな話で締めくくる。具体的な内容の前後はポジティブに、と意識しよう。自分の意見を聞いてもらえたことに感謝している、という姿勢も重要だ。

こうした意見提案の頻度の目安は月に1～2回が適切だろうか。あまりに頻繁だと、軽く扱われることもある。上司のキャラクターも踏まえて、よい頻度とタイミングを探ってほしい。

異動希望の伝え方

異動や担当替えなどの希望をどう伝えるかについても触れておく。長年同じ仕事をし続けてキャリアに悩みを抱えている人や、担当業務の幅を広げたいと考えている人もいるだろう。だが現実には、優秀な人ほど上司が手放したがらず、異動に難色を示されるケースは多い。ここでは、上司を3タイプに分けて考えてみよう。

まず、①人情タイプは、親分風を吹かせ、部下との信頼関係を重視する。②スキル・キャリアタイプは、自身の能力や積んできたキャリアに価値を置く。③権力タイプは、現在の役職の持つ影響力を歓迎している、といったイメージだ。この分類では、「どんなアプローチが効くか」を軸とした。

上司が①人情タイプなら、チャンスかもしれない。このタイプは頼れば親身になってくれることが多い。「A部長だから言うのですが」「A部長が頼りです」と、個人的な信頼を伝えるのもいい。

②スキル・キャリアタイプなら、「先日の会議で、B部長のお話は目から鱗の落ちる

思いでした」など、相手の能力の高さに言及しつつ希望を伝えるのも手だ。「自分もB部長のようにキャリアを開発したい」と言われて悪い気のする上司はいないはずだ。

③権力タイプには、「C部長のお力で」というフレーズだろうか。このタイプは、権力を行使することや権力を持っていること自体に価値を感じているので、そこにアプローチする。

どの場合も、「あなたの部下として身に付けた力をさらに発揮したい」「異動・担当替えによってより会社に貢献したい」といった意欲を見せたい。

ここまでの話は、上司に媚びよということではない。だが、上司も一人の人間だ。上司が部下のために気持ちよく動けるよう頭を働かせ、話し方を工夫するのは、決して悪いことではない。

「意見提案」のポイント

①「帰り際」に話しかけてはいけない
②上司のタイプを見極める
③1対1は「自分を売り込む」機会

【雑談】チームになぜ雑談は必要か

緩やかな会話がよいアイデアを生む

『サイボウズ式』編集長・藤村能光

私が編集長を務める自社メディア『サイボウズ式』は2012年から始まったが、立ち上げ当初はメディア運営のプロフェッショナルがいなかった。そのため雑談ベースでアイデアを出し合い、実践しながらメディアを作る手法を採った。今でも最初から企画書を作らず、チームでの雑談や企画会議で出たアイデアをかけ合わせ、形にしていくことが多い。

例えば、あるメンバーがいま関心のあることについて話すと「そういえば先日、SNSでも話題になっていましたね」「こういうサービスもあるらしいですよ」など雑談が広がっていく。他者の意見を早い段階で取り入れたほうが、一人で考えるより時間や労力は少なくて済む。

さらに当社ではグループウェアを使い、オンラインでアイデアを出し合ったり、雑談したりしている。テキストベースのコミュニケーションだが、事前の情報共有があると、その後の雑談や打ち合わせがスムーズに進む。

そもそもプロジェクトの過程で情報を共有し、雑談ベースで話をしながらアイデアを膨らませていく文化は全社的に息づいている。会議と違い、雑談ならゴールや目的がなくてもよい。気兼ねない雑談だからこそ、気づきや発見を多く得ることができる。

ソニックガーデン代表の倉貫義人さんが、よいチームづくりには報告・連絡・相談の「ホウレンソウ」より、雑談・相談の「ザッソウ」が大事だと言っているが、私もそのとおりだと思う。報告で過去の話を聞くより、雑談・相談で未来の新しい価値について話をするほうがチームにとっては有意義だ。

複数の人で雑談する場を設けたとき、話し上手で場を盛り上げる人もいれば、積極的に発言せず聞いているだけの人もいる。発言の少ない人にも、居心地が悪くならないよう「話を聞いてくれてありがとう」などと声をかける。このようなタイプの人は、後から感想やアイデアを教えてくれることが多い。雑談の場では、何か話さなければいけないというプレッシャーはかけないことが大切だ。

雑談における話し方

何か話さなければいけないというプレッシャーはかけない

〔悪い話し方〕
○○さんは意見ないの？　せっかくだから何か話してよ

〔よい話し方〕
聞いてくれてありがとう。何か意見があったら、後からでも教えてね。

部下との雑談中は聞き役に徹する

〔悪い話し方〕
こうしたほうがよかったんじゃないかな？　どうしてそうしなかったの？

〔よい話し方〕
それは大変だったね。差し支えなければ、もう少しその話を聞かせてくれる？

気持ちよく話せる場

サイボウズには15年ほど前から「ザッダン」と呼ばれる緩やかなコミュニケーションの場もある。リーダーとメンバーが1対1で雑談する機会で、業務時間内にセッティングされている。上司と部下の個人面談を「1on1」などと呼ぶ企業は多いが、「ザッダン」はティーチングやコーチング、カウンセリングの類いではなく、上司がゆるりと部下の話を聞く。

私の場合はマネジャーとして、30分ずつ6人の編集メンバーと「ザッダン」する。メンバーにはそれぞれの人生があり、仕事は人生の一部でしかない。会社の話だけではその人のことをわかりきれないので、何でも話せる「ザッダン」の機会を大事にしている。

心がけているのは、すぐにアドバイスをしないこと。「ザツダン」では純粋に相手の話を聞き、「面白いね」「大変だね」など共感する程度にとどめる。相手はそもそも誰かに聞いてほしくて話しているのだから、まずは気持ちをしっかり受け止めるようにする。

もちろん、誰もが何でも話してくれるわけではない。強制しては本末転倒なので、お互いが気持ちよくその場を過ごせるよう工夫は必要になる。私の場合は、グループウェア上で事前に話したいトピックを書き込んでもらうようにしている。例えば「目標を達成していくうえでモヤモヤしていること」「個人的なトピック」といった項目を立て、必要な箇所だけ入力してもらう。この事前メモがあれば、本番の「ザツダン」で自分から話せない人には、私のほうから話を振ることができる。

◆ 1on1と雑談（ザツダン）の位置づけ

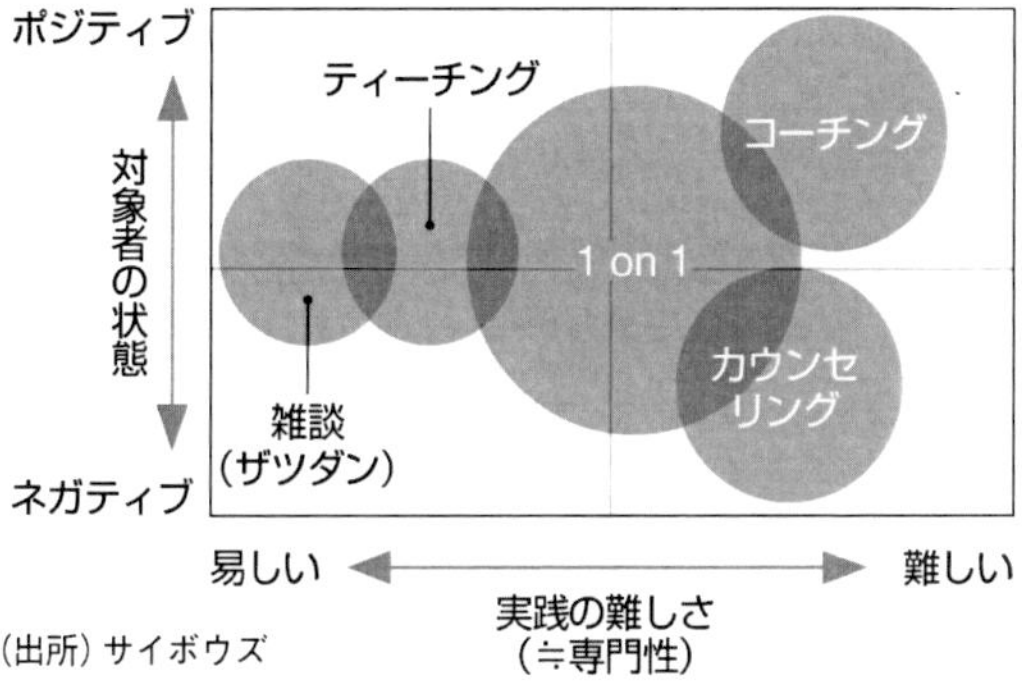

（出所）サイボウズ

雑談から挑戦が始まる

サイボウズには「分報」という仕組みもある。一日の終わりに書く「日報」ではなく、勤務時間中にその都度、思いついたことを自由につぶやく社内版ツイッターのようなものだ。業務に関連するつぶやきだけではなく、「推しのアイドルのライブ予約取れた！」などプライベートなことも自由に書き込める。この「分報」が機能していると、リモートワーク中でもメンバーの存在を感じられるうえ、話のネタにもなる。

仕事の観点で雑談が重要なのは、お互いに相手を知ることで心理的安全が保たれるからだ。さらに、共有された不安や悩みからチームとして新しい挑戦や次のアクションが生まれ、結果的に生産性の向上にもつながる。

一方、出社して顔を合わせていればお互いの状況は伝わりやすいが、リモートワークでは難しい。ちょっと話をしたくても、わざわざその人の予定を押さえなければいけない事態が生じ、気軽に声をかけにくいからだ。だからこそ雑談の機会のお膳立ては、リモートワーク時代ではますます重要になっている。

私たちは週に1回、オンラインミーティングで不安を共有する雑談の場を設けている。この機会に出されたメンバーからの指摘や提案で、チームの抱えている課題が解決したことは何度もある。また毎朝30分の朝会のうち、半分は業務についての連絡、半分は雑談に充てている。リモートワークでは、気軽に始まる雑談の場を定例でつくる工夫が必要だ。

未来予測が難しい現代社会では、正解や結果がわかっている話し合いより、どのような話題が飛び出し、どう展開するかわからない雑談のほうが有意義だと感じている。雑談を重ねる中で実際の行動につながった結果はどのような成果物より貴く、チームが前へ進んでいる証拠だと評価したい。

「雑談」のポイント

①事前の情報共有で雑談のネタを拾う
②話の目的やゴールはとくになくてよい
③プレッシャーがかかる場にしない

藤村能光（ふじむら・よしみつ）

ウェブメディアの編集記者などを経て、サイボウズに入社。2015年から自社メディア『サイボウズ式』の編集長を務める。著書に『「未来のチーム」の作り方』『働き方シフト』など。

「言い換え力」を磨けばビジネスはうまくいく

日本メンタルアップ支援機構　代表理事・大野萌子

ビジネスの現場では、相手との行き違いのない意思疎通を行うことが、業務をスムーズに進めるために重要である。そのため、相手に合わせたり、我慢したり、それなりに気を使ってやり取りをしていても、思わぬところに落とし穴はある。悪気がなく、よかれと思って使う一言が、相手を不機嫌にさせてしまうことがあるのだ。

実際に「ご機嫌伺いしただけなのに、相手が不機嫌になった」「あるタイミングから、何となくぎくしゃくしてしまった」ことはないだろうか。自分では気づかないままマイナスのフレーズが習慣化しているかもしれない。だとしたら、大きな損失だ。日頃の人間関係の良しあしで、仕事の効率は左右されるし、交渉時の言葉一つで、成功にも失敗にもつながる。ビジネスを成功に導くために、「余計な一言」を「好かれるせりふ」に変えるべく、ケース別に取り上げる。

まず、部下を褒める言葉を取り上げる。資料の出来がよかったとき、プレゼンテーションがわかりやすかったとき、そうでなくとも、褒めることが潤滑剤になるかなと、漠然とした「いいね」や「いいよ」を使っていないだろうか。

相談業務をしていると、上司からの漠然とした「いいよ」「いいね」で、モチベーションが下がるということをよく聞く。業務に長けていて、経験も豊富なら問題ないが、自信がなく経験も浅い場合は、自分のことをきちんと見てもらえていないのではと不安になってしまうのだ。

営業に同行してもらい、自分への評価を請うと「いいね。そのままでいいよ」と返ってくるので辞めたくなった、というケースもある。上司は、厳しく育てると辞められるとの思いもあるのだろうが、何がどういいのか具体的に伝えないと逆効果だ。

未来に向けた声かけ

次に、部下に指摘する言葉を挙げたい。ミスをした部下に対して、「なぜそんなことになった!?」と責めるような言葉をつい使ってしまいがちだが、問題解決志向の強い人が発してしまいやすい「なぜ?」はデンジャラスクエスチョンとも呼ばれ、「追及」「脅迫」「叱責」で相手を追い詰めてしまう。ミスや失敗をしたときに、自分がしたことを周りから責められるほど嫌なことはない。

しかし、相手を追い詰めたところで、過去に戻ってやり直すことはできないのだから、未来に向けた声かけが必要である。「どうすれば、今後同じようなミスを防げると思う?」と未来に向けた関わりをしたい。もちろん、原因を精査することも必要だ。だがそれをむやみに追及するのではなく、部下に自ら考えてもらう姿勢で臨みたい。

またその際に「こうすべきだったよね」と〝べき論〟で追い打ちをかけるのもよくない。一方的な押し付けになるからだ。指導の効果を高めたいなら「こうしてください」と依頼形で関わりたい。

チアアップする言葉も重要だ。「あなたならできるよ」は、一見、励ますのに最適な言葉ともいえそうだが、自信をなくしてしまうフレーズの1つだ。自ら主体的に動ける部下なら何の問題もないのだが、そんな人材はごく一部だ。大抵はプレッシャーに感じてしまう。任せたいという意向とともに、フォローアップ態勢があることを併せて伝えたい。ここで注意したいのは「何でも聞いて」だ。幅が広すぎて何を質問していいのかわからなくなってしまう。

実際に、よかれと思ってこれを使う場面が多いのではないだろうか。現場では「何でも聞いて」と言われるとかえって聞きにくいという声は多い。「○○についてわからないことがあれば」とある程度、限定することが望ましい。そして、質問はある程度わかっていることにしか生じないため、相手が質問できるレベルにあるかどうかを見極めることも大切だ。

さて、取引先にクレームや注文をつけたいときに、否定的な言葉を使っていないか。「○○しないで」という否定形は、メッセージを相手が受け取りにくい。否定形から肯定形に言い方を変換することで、訴えている内容を相手が受け取りやすくなる。「ドアを閉めないでおいて」と言われるのと「ドアを開けておいてもらえませんか」と言われるのとの感覚の違いを確かめてほしい。何か相手に要求する場合は否定形から肯定形へ。さらに余裕があれば依頼形にするのがいい。

上司に直言するとき

また、上司に直言するというのは、なかなか勇気の要るもの。どんな言い方が効果的だろうか。自分の意見だけだと自信がなく、聞き入れてもらえないのではという気持ちから、「みんながそう言っています」と不特定多数の人間を加勢につけるような言い方をしていないだろうか。これは、場合によっては、自主性がないように感じられ、責任転嫁にも聞こえる。意見したいときは、はっきりと「私は、こうしたい。私はこう考えている」と「私は」を主語とした〝Iメッセージ〟を使いたい。

気をつけていても誰しも思わぬ失言をすることはある。撤回したいが、一度口から出てしまったという事実を取り消すことは残念ながらできない。そんなときは、言い訳をしないことが最善策だ。「そんなつもりはなかった」と言ったところで、普段からそういう思いがあるから言葉に出るんだ、と思われかねない。訂正ではなく、率直な謝罪が望ましい。「申し訳ございません」と素直に謝罪することで誠実さを伝えるのが大切だ。

たった一言が、人間関係をよくも悪くも変える。だからといって神経質になりすぎて、何も言えなくなるのは本末転倒だ。ビジネスではとくに、回りくどさや曖昧さを避け、率直に伝えることを心がけたい。「言わなくてもわかってもらえる」「これくらいのことははしょっても大丈夫」との思いが、思わぬすれ違いを引き起こす。

そして、意見や要望は、自らの思いとして伝えることも大切だ。誠実さや謙虚さは、何物にも代えがたいプラス要因にもなる。日々の一言の積み重ねが、人との関係性をつくっていくので、ささいな一言と侮らずに気持ちを込めて言葉を選びたい。

褒め言葉

× (漠然とした)いいね　いいよ
○ **○○がよかったよ**

× さすがだね
○ **○○がよかった、さすがだね**

× それでいいんじゃない
○ **とてもいいと思うよ**

指摘する言葉

× なぜそういうミスをしたんだ!?
○ **どうすれば、今後ミスを防げますか?**

× こうすべきだったよね
○ **こうしてください**

× 今回のミスはあなたのせいです
○ **ミスが起きた原因と改善策を教えてください**

チアアップする言葉

× あなたならできるよ
○ **あなたに任せたい。わからないことがあれば遠慮なく聞いて**

× やればできるじゃないか
○ **土壇場に強いね。おかげで助かったよ**

クレームのときの言葉

× ○○はしないでください
○ **今後はこのようにしてくださると幸いです**

× これ、何とかならないの?
○ **この部分がわかりにくいから変えてください**

× ちゃんと　しっかり　徹底的に
○ **この作業はここまでやってください**

直言する言葉

× みんなが言っているので、何とかなりませんか
○ **私は、こうしたいと思います。許可をいただけますか**

× 私はそんなことは言っていません
○ **私はこのように認識していました**

失言撤回の言葉

× そういうつもりはなかったんです。今のは忘れてください
○ **誠に申し訳ございません。失言でした**

× こんなトラブルになるとは思いませんでした
○ **そこまで重要性を把握できていませんでした**

× うっかりしていました
○ **私の認識不足でした**

「過去と他人は変えられない。未来と自分は変えられる」とよくいわれるが、自分を変えることも実は至難の業だ。しかし、「ちょっとした一言」を変えることは、さほど難しくはない。ビジネスにおける人間関係が少しでも豊かになるよう、活用してもらえたら幸いだ。

大野萌子（おおの・もえこ）
産業カウンセラー、2級キャリアコンサルティング技能士。コミュニケーションなどの分野を得意とする。著書に『よけいなひと言を好かれるセリフに変える言いかえ図鑑』などがある。

【営業】「クッション言葉」と「拡大質問」を駆使

聞き役に徹することがトップ営業への近道に

らしさラボ代表・伊庭正康

営業における顧客との関係性には5つのステージがある。営業がレベル1の「警戒」から始まるのは当然の定めだが、その後いかに深く顧客と関係を築いていけるかはコミュニケーション、とりわけ話し方がものをいう。

丁寧な言葉遣いを心がけていればレベル2から4の「安心」「親和」「信用」まで至るのは意外と難しくない。しかし、レベル5の「信頼」までお客様と関係性を深められる営業担当はわずかだろう。

◆ 営業の話術のカギは「信頼」

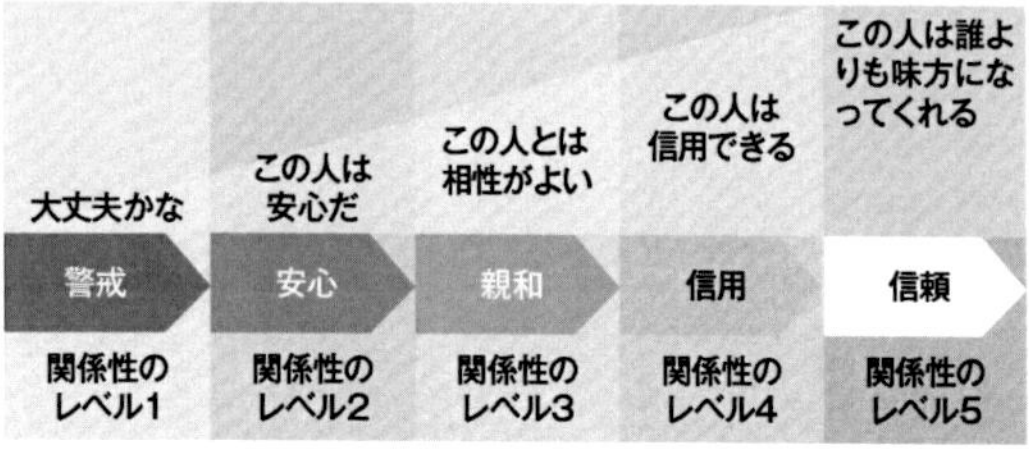

営業は警戒からスタートする。しかし、必ず「信頼」されるようになる。
信頼の関係をつくるカギが、コミュニケーション

私はリクルート時代、プレーヤーとマネジャー両部門で年間トップ表彰を4回受けたが、これもレベル5の関係性で顧客とお付き合いできたからだと思う。顧客が困ったり迷ったりしたときに相談され、社内の人以上に頼りにされることもある。ここまで信頼を得るために必要なのは、顧客を主役として立て、自分は聞き役に回る、という徹底した姿勢だ。顧客と自分が話す割合は7対3ぐらいを意識してほしい。

例えば会話中、「なるほど」や「そうですよね」と相づちを打っていないだろうか。これらの言葉は使えるのだが、意外とそこで会話が完結してしまう。その点、私なら「そうなんですね」と関心や共感を示した後、すかさず「それはどのような感じなのですか?」と再びマイクを顧客に戻す。「イエス」「ノー」で答える質問ではなく、「どうして」、「どんな」、「どのように」などの疑問詞を付けた「拡大質問」で聞けば、顧客は自由に語るべき言葉が増える。

気持ちに寄り添って返答

そのうえで次の発言をよく聞きながら、顧客が何を考えているのかを想像し、気持ちに寄り添う言葉で返答する。例えば「ベテランが辞めることになってね」という話が出たら、「それはお寂しいですね」と同意し、「その方は社長をずっと支えてこられたのでしょうね。差し支えなければどのような方だったか教えていただけますか」など質問を続けていく。「差し支えなければ」や「勉強の意味で」といった「クッション言葉」を冒頭に持ってくれれば、質問しやすくなるのもポイントだ。

一方、「ベテランが辞める」と聞いた段階で、すぐに「それはちょうどよかったです。実は今日、こちらの求人サービスをご紹介しようと思っていました」と切り出すのは残念な営業例となる。それは自社の立場からの発言で、顧客の側に立っていないからだ。「この営業担当は身内のように心配してくれている」と思ってもらって初めて、ステージ5の信頼関係が生まれるのである。

沈黙をおそれ、自身の意見や経験談で場をつなぐのもよくない。あくまで話の主役は顧客で、マイクを奪ってはいけない。沈黙になっても「クッション言葉」と「拡大質問」を駆使し、相手にマイクを向けるよう心がけてほしい。

会話のキャッチボールを通じて信頼関係が構築され、相手側から商品やサービスに関心を示したり、課題解決の方法を相談したりしてきたときは、いよいよ提案の流れになる。

提案は「結論（Point）」、「理由（Reason）」、「事例・具体例（Example）」、「結論の繰り返し（Point）」の順で話すとわかりやすい。これは「PREP法」といわれ、文章や話をわかりやすく伝えたいときによく用いられる。

雑談のキラーワード

雑談に使える鉄板の話題といわれるのが「木戸に立てかけし衣食住」だ。これは「季節、道楽、ニュース、旅、転機、家族、健康、仕事、衣食住」の頭文字を取ったもの。しかし、たくさんありすぎてパッと頭に出ないときもある。

そこでお薦めしたいのが、「最近、お忙しいですか?」という問いかけ。私の実感では、雑談のきっかけづくりにこの質問は最強だ。日本人の多くは自身が「忙しい」と感じているし、ビジネスに直結する話題なので話を続けやすい。

さらに面識のある相手には「相変わらず、お忙しいですか？」と言い換えるだけで急に親近感が増す。「相変わらず」は、数回しか会っていない相手でも旧知の仲のように思ってもらえるキラーワードだ。また年配の顧客には「もともとは、どちらにいらっしゃったのですか？」など、過去の話を振るのも有効だ。実際、若い頃の話をまるで数年前の出来事のように喜んで話す人は多い。そのため「もともとは」という切り出し方もよく使う。

ただ、「雑談は不要、本題だけ聞かせて」というタイプの人も確かにいる。相手の表情や言葉をよく観察し、臨機応変に対応したい。

リモート営業では、少々オーバーなぐらいにうなずくことを意識したい。また、はっきりした滑舌で話すことも重要なポイントだ。

リモート営業で難しいのは、「クロージング」と呼ばれる商談の最終プロセスも画面越しに実行しなければならないこと。対面なら顧客の元に足を運ぶだけで「わざわざ来てくれた」という雰囲気になるが、リモート営業ではそのアドバンテージが使えない。

代わりに武器になるのは話の進め方だ。できるだけ論理的に話し、相手の疑問には、根拠となる資料を画面共有で補足する。リモート営業では話し方でスキルの差がはっきり出るため、準備や練習は念入りに進めたい。

私にもちょっとした不注意でお客様に不信感を抱かせたり、誤解から関係性が悪くなったりした失敗がある。それでもそのたびに相手の立場や気持ちを想像し、何をすべきかを考えた。トラブルになっても言葉で誠意を示し続ければ、やがて問題は解決に向かう。そして乗り越えた先には、深い信頼関係と喜びが待っている。どのようなときも、相手の口から出る「吹き出し」を頭の中に浮かべながら話すことが、トップセールスへの近道なのである。

「営業」のポイント

①「主役は客」なので自分は聞き役に
②キャッチボールで信頼関係を構築
③「相変わらず」がキラーワードに

伊庭正康（いば・まさやす）

リクルートグループに入社後、営業職、営業部長、フロムエーキャリアの代表取締役を歴任。

2011年、研修会社「らしさラボ」設立。自らも年200回登壇。

「うまさだけでは話は伝わらない」

ジャパネットたかた創業者／A and Live 代表・高田　明

テレビ通販で全国的な知名度を得たのがジャパネットたかた創業者の高田明氏である。その独特の話術の秘密を聞いた。

――これまで話し方や伝え方について、心がけてきたことは？

このコロナ禍で、伝えること、コミュニケーションの大事さが改めて認識された。国際紛争に社会の分断、すべての事象は伝わったか、伝わっていないかということに根本的な原因があるように思える。人間はつねに誰かと一緒に生きていかなきゃいけない動物でしょ。夫婦や親子であっても、あるいは上司と部下、国と国であっても、対立の中に見え隠れするのはコミュニケーション不足や伝え方の問題と考える。

私が重要だと考えるのは、伝えたということと、伝わったということとの違い。政治の世界や企業の世界でもそう。国民や消費者に自分たちの考えが伝わったかどうか、確認もせずに伝えたつもりになっているように感じる。

ラジオ・テレビ通販の30年の経験上、伝えたつもりでは売り上げも利益も出ない。伝わったという事実があって初めて、お客様が買うか買わないかの選択をされる。伝えたつもりでは、その選択までいかない。だから私は、伝わったかどうかをつねに自分自身に問い続けていた。

ラジオ通販では、1万円でも売れなかったものもあるが、30万円もするパソコンを何千台と売ったこともある。お客様に商品の価値を感じてもらうためには、自分の思いをどう伝えていけばよいのか。自分なりに一生懸命、考え抜いてきた。今は、音声だけでも価値を感じてもらえる提案ができれば、100万円の商品でも、1億円以上の土地でも売れると思う。

――テレビはどうでしょうか。

テレビは言葉だけではない。自分の立ち居振る舞いや表情も要素に加わってくる。皆さんがテレビで俳優さんを見て、「ああ、優しそうだな。優しい話し方をするな」と思う場合、それは作った優しさではなく、その人の本質がにじみ出ているためだと思う。テレビは言葉も加えて、自分のすべてをさらけ出していく世界だ。

実はラジオも「見えている」というのが私の持論である。「見えるって何？」と思われるだろうが、リスナーは心の目で聴いている、見ている。ラジオ番組の人気パーソナリティーは言葉の発し方、言葉遣い、相手を思いやる言葉などに気を配っており、それをリスナーがきちんと感じ取る。パーソナリティーの心の動きを想像しながら、楽しんでいる。

ラジオでそうやって完璧に聴くということは、もう見えることと同じ。リスナーは全部お見通しなのだと思う。本質的にはテレビもラジオも同じ。テクニックだけでは通じない。

相手を感じながら話す

――聞き手の気持ちになって、その頭の中に絵を描くように話す「お絵描き話法」で評価されています。

伝えるということは、相手がいてこそ成り立つ。相手の気持ちや人の心を感じる力が自分にないといけない。今のコロナ禍において、疲弊している、商売ができない人たちがたくさんいる。そんな人たちの心情を置いてきぼりにしては、本当に伝えたいことは伝わらない。たとえ話し方がうまくてもダメだと思う。これは商売でもどんな世界でも同じ。伝えるというのは、親が子どもと向き合うのと同じように、相手を感じる心を持っていなければいけない。

私は声のトーンがとても高いと言われてきた。何で高かったのか、自分の七不思議の1つなのだが、結局は一生懸命伝えたい、自分の言葉で伝えたいという気持ちが勝っていたのだと思う。

相手を感じる心を持ち、何を伝えるかということを自分が理解しておかないと、伝えることはできない。私たちの通販では、商品の性能、使い方を徹底的に知り尽くす。そのうえで何を選択するかが勝負だ。生半可な知識では絶対に伝えられないので、インプットにものすごく時間をかける。

――社員には商品の提案方法をどのように伝えていますか。

とにかく自分で商品を手に取って、できるだけ触って使ってみたら。すると、何がポイントなのかが実感できるよ、と。インプットの量と質によって、アウトプットの精度が変わってくるのだ。

もう1つ大事なのは、何を利点として伝えるかである。その商品がお客様の生活にどんな変化をもたらすのか、より具体的に伝えなければならない。仮に衝動買いであっても、値段以上の価値を感じたら、お客様は固定化していく。

自分たちが伝えているもの、売っているものは最高のものであると信じて提案している。だから、ジャパネットでは商品選択が非常に重要なテーマなのである。売れば利益が出るとわかっていても、売りたくない商品は売らない。

スマートフォンでも、ＬＩＮＥの機能があればいい、インターネット検索、天気予報があればいいという人もいる。お客様にとっては情報は１００も２００も必要ではないので、生活の中の重要なシーンで役立つ情報を選択して提案する。それにはインプットの量と質が大いに関わってくる。

「間」を取って話す

――具体的なテクニックは？

最優先すべきなのは、わかりやすく伝えること。難しい言葉をわかりやすく言い換えて、初めて相手から共感を得られる。マスを相手にする場合はとくにそう感じる。

作家の井上ひさしさんがテレビで「先生はどんな気持ちで小説を書いていらっしゃいますか？」と聞かれたとき、「難しいことをやさしく、やさしいことを深く、深いことをゆかいに、ゆかいなことをまじめに」と答えていた。通販の本質も同じであり、いかにやさしい言葉として伝えていくかだ。

あとは声のトーンは高いほうがいい。「Yes,we can change」を連呼したオバマ元米大統領のように繰り返すことも大事だ。さらに間を取って話す。同じトーンで10分間、話を続けても相手には何も残らない。しゃべったときに3秒、5秒の間を置いて、相手に考える時間を与える。この間は「次の有(ゆう)を生み出す無」ということになる。

「○○はこういう商品です。値段は2万9800円」。数秒置いて、「安いと思いませんか!」。次の瞬間、視聴者は「あ、確かに言われてみたら本当に安いわ」と感じるはずだ。すかさず「フリーダイヤル○○○番!」。この流れで売り上げはまるで違ってくる。

でも、私の話し方は本当に我流。跡を継いだMC(司会者)は十数人いるが、話し方の教育をしたことは、ほとんどない。私を見て感じたことを彼らなりに学んで、表現してくれている。

誠実さや謙虚さはつねに持っていてほしい。番組では8~9割は価格や機能について話していると思われがちだが、本当はその商品のどういう部分がお客様を楽にしたり幸せにしたりするかという話が大半だ。それを誠実かつ謙虚に伝えることを忘れてはいけない。

「カメラはその人の歴史を、家族の歴史を残していくんです。だから使っていない人は、自分の今生きている瞬間を本当にどこかに置き忘れていますよ」と言えば、やっぱり使ってみようかなと思っていただけるのだ。

（聞き手・堀川美行）

高田　明（たかた・あきら）

1948年生まれ。父親が経営する「カメラのたかた」入社後、86年に分離独立し、「たかた」（現ジャパネットたかた）を設立。ラジオ・テレビ通販に参入し、大手通販会社に成長させた。2015年に社長の座を長男に譲り退任。同時にA and Liveを設立。

【交渉】相手の言い分をよく聞く

M&A交渉を円滑に進める方法

ベリーベスト法律事務所 弁護士・長谷川裕史

事業の拡大や承継などを目的に行われるM&A（合併・買収）。譲渡企業と譲受企業の交渉では、どういった点に留意すべきか。

企業規模にもよるが、一般的にM&Aは、トップレベル同士の会談、さらに役員・部門長に弁護士を交えた実務レベルの条件交渉という流れで進められる。

トップ会談で確かめないといけないのは「相性」だ。相性の合わないM&Aは、実務レベルの交渉で破談になる可能性が高くなる。細かい話をする必要はない。「将来に向けたビジョン」「M&A以降の成長戦略」など、未来志向ですり合わせをしていく。

両社の資本や事業規模にどれだけ差があっても、相手の人格や立場を否定せず、対等な立場から「リスペクト」することを忘れてはならない。

例えば譲渡側に立ってはいても、企業のトップには事業を牽引してきたという自負がある。敬意や称賛、「ともに成長を目指す」という姿勢を示すだけでも印象は変わる。事業の低迷がM&Aの引き金であっても、買う側が「助けてやる」という救済色を強く出しすぎると心証はよくない。トップの包容力あるコミュニケーションが、円滑な交渉の素地をつくる。

トップ会談がうまく終わると、条件交渉も進めやすくなる。将来に対するビジョンが共有できているからだ。ただし、トップから実務担当者への「伝え方」によっては実務レベルの交渉段階で破談になるおそれもある。「必ずこのM&Aを実現させたい」「同じ企業グループになって盛り上げよう」など、ポジティブかつフラットな意向を伝えることが大切だ。

担当者もそれに倣うが、譲渡企業に対して「救ってやる」「傘下に収める」「買収後は子会社にすぎない」という〝上から目線〟で伝わると、担当者も同じ目で相手を見てしまいがちだ。大手企業なら条件交渉を担当するのは部門長などの中間管理職。上の意向には敏感だ。相手方の経営者にさえ無礼な対応をする担当者もいる。まず身内への伝え方に気を配る必要があるのだ。

基本はキャッチボール

実務レベルの条件交渉は法務担当役員や部門長が担当し、弁護士も同席して内容を詰めていく。

M&Aの場合、会計や人事、法務など、多岐にわたる議論を交わすので、話がそれると時間だけが過ぎてしまう。交渉に限らずビジネスコミュニケーションでは当たり前のことだが、事前にトピックを決めて臨むのが基本だ。

交渉では立場の強い側が一方的に要望を述べがちだが、「まずはご意見を聞かせてください」と、相手の言い分を聞くことを心がけたい。基本はキャッチボールをすることである。うまい具合にキャッチボールを繰り返すと、落としどころを見つけやすくなる。

また、譲れること・譲れないことは自社内で共有しておくべきだ。表明保証や誓約の内容、補償条件や金額、雇用維持の条件など、さまざまな項目について交渉するが、すべての要望が通るとは限らない。「譲れないこと」の優先順位が決まっていないと交渉は平行線をたどる。

譲歩できる部分は、「御社のご要望を受け入れます」とはっきりと譲り、譲りたくない条件をより有利に獲得できるよう、伝え方でメリハリをつける。担当者は弁護士と事前に協議して、優先順位を明確にしておくとよいだろう。

弁護士は依頼者ができる限り不利にならないようアドバイスしなくてはならない立場だ。ささいな条件だからといって譲歩し、そのために後日損害を被れば、自らの責任問題に発展するおそれがある。そのため、弁護士同士の交渉では互いに譲らず膠着することがある。

契約書にはめったに生じることのない場面を想定した責任条項を盛り込むことも多い。責任条項を入れるべきか、内容をどうするべきか、折り合いがつかない。そのような場面がいくつも重なると、担当者同士もそれに引きずられて心証が悪くなり、最悪、M&A自体が破談になってしまうこともある。

しかし、法務のテクニカルな議論が原因となり破談になってしまうのはあまりにも惜しい。そうならないためにも、担当者は、弁護士とは別の立場から、冷静にリスクの大きさを勘案し、果断にビジネスジャッジを下す。担当者自身の裁量を超えるなら「持ち帰らせてください」とはっきり言って、上司や経営者の意見を仰ぐ。弁護士はあくまでアドバイザー。すべてのアドバイスに従う必要はない。

依頼者のビジネスに詳しくない弁護士は、そのM&Aにとって何が重要かを見落とすこともある。そこで、担当者は自社にとってM&Aの目的がどこにあるのか、なぜこの相手を選んだのか、その企業や事業のビジネス的な強みやリスクがどこにあるのか、条件交渉で何をいちばん守りたいのか、弁護士に伝えておくようにしたい。

技術開発に魅力のある会社や事業を買収する場合でも、技術力の源泉(コアコンピタンス)が特許などの知的財産権にあるのか、特定の技術者の存在にあるのか、技術系従業員全体のスキルにあるのかによって、交渉で重視すべき条件は大きく変わる。

条件交渉の現場は営業に似ていて、駆け引きの絶妙なバランスが求められる。相手側のビジネスモデルや収益の仕組みを把握するための知識、交渉の経験、コミュニケーション能力、経営者の意向をキャッチする能力が重要になる。M&A交渉の担当者になる可能性がある人たちは、これらのスキルを常日頃から磨いておくべきだ。

「交渉」のポイント

①未来志向の対話がベース
②条件交渉ではトピックを絞って対話を進める
③自社の言い分よりも相手の要望に耳を傾ける
④譲れること、譲れないことを明確にする
⑤気遣いの言葉を忘れない

長谷川裕史（はせがわ・ひろふみ）
ベリーベスト法律事務所パートナー弁護士。慶応大学法学部卒業。同大学院法学修士・経営学修士。株式会社ポケモン勤務などを経て現職。M&Aや企業内統制案件を担当。

【会見】「謝れば収まる」は錯覚

緊急対応で試されるスピーチのスキル

新製品や中期経営計画の発表、不祥事に伴う記者会見、株主総会など、企業にはメディア対応やステークホルダーに対する情報開示が強く求められる。経営陣や担当者は壇上で何を伝えればよいのだろうか。

「前提として、記者や聴衆との間に信頼を構築するには一貫性や事実・真実が求められる。その点を踏まえて課題を洗い出し、長所は生かして弱点をカバーする流れを考えないといけない」と述べるのは、広報コンサルタントで日本リスクマネジャー&コンサルタント協会副理事長の石川慶子氏。意外と多いのは、パワーポイントの資料は用意しているが、原稿を用意していない、あったとしても事前に読んでおらずスピーカーの言葉になっていないことだという。

「原稿がなくてもよどみなく説得力のあるプレゼンテーションができるのは、ごく一部の経営者のみ。自身のスキルを過信しないで、秘書課のスタッフや会見に同席する司会者と一緒に練習してほしい」と石川氏は指摘する。

謝罪のみを目的としない

「〝点〟の質問に〝点〟で答えるのではなく、企業としてのメッセージを明確に伝えないといけない。ポイントは、新規性、具体性、社会性の3点を盛り込むこと」と話すのは、プラップコンサルティング社長の井口明彦氏。メディアトレーニングシニアトレーナー、危機管理交渉主席コンサルタントの肩書も持つ。

例えば、素材メーカーの記者会見。専門的な製品の特長のみを強調しても、理解できるのは業界に詳しい一部の人たちだけ。「2030年、50年には○○の分野で××に活用され、社会に貢献する」と具体的でわかりやすいフレーズで話すべきだ。一般消費者や投資家にもビジョンを伝え、期待や実現性を感じてもらうことが大切だ。

一歩間違うとメディアやＳＮＳなどで炎上するおそれのある不祥事など危機管理に関する会見では、謝罪に加えて、この事態を受けて企業としてどう対処するのか、行き先を示す必要がある。

人は責め立てられると、とにかく謝れば収まると錯覚するが、今後の調査スケジュール、客観性を担保するための調査方法を明確に伝えないといけない。「現状で明らかになっていることを示し、企業・経営者としてどう捉え、今後どうするのかまで話すと、共感を得られる。曖昧な情報発信は不安を誘い、さらなる追及の引き金になる」（井口氏）という。

タイミングによっては言えないこともあり、想定外の質問に窮する場面もあるだろう。そこで避けたいのは、記者などの質問に対して反射的に答えることだ。

「慌てて答えると余計なことを口走る場合もある。意識的に間をつくると気持ちが落ち着く」と石川氏はアドバイスする。危機管理のケースでなくても、間を置けば注目度は上がり、自身も考える時間をつくることができる。

また、急いで答えようとすると「あ～」「え～」といった無意味なつなぎ言葉の「フィラー」が入りやすくなり、聴衆には聞きづらい。言葉をまくし立てられると頭に入らないが、逆に間が空くと言葉はすっと入ってくる。

「説明責任と情報開示のバランスを考え、自己保身ではなく人命や事業継続に関わる質問などを想定しておき、答えられることとそうでないことを明確にしておくとよい」(石川氏)

避けたいのは「○○が言ったので」という責任転嫁に受け取られるフレーズだ。事実を述べているつもりでも、責任逃れと指摘されかねない。自社や発言者を主体に話すことを忘れてはならない。

一方、投資家と向き合う株主総会は、将来性や期待感を抱いてもらうのが目標の1つだ。現状や将来ビジョンを明らかにすることは言うまでもない。業績が下がった場合も状況を正しく伝え、先を見据えた方策を述べることが期待感につながる。

耳障りな常套句を避ける

会見時に避けたいのは、「ご承知のように」「先ほども申し上げたように」「言うまでもなく」といった、耳障りな常套句だ。これらのフレーズには「同じことを何度も聞くな」「うちのことをわかっていない」というニュアンスが含まれている。公衆に対して答えるなら、丁寧な回答を心がけたい。

「ノーコメント」という発言もNGだ。言えないことがあったとしても、「○○だから言えない」「調査中なのでお答えできない」と、答えられない背景に触れることで納得感は大きく異なる。

「隠蔽ですか?」との問いに「隠蔽ではありません」と、相手の言葉を繰り返すのもいけない。「対象者一人ひとりに事情をお伝えしています」と、具体性を盛り込む。「目の前にいる相手だけではなく、世の中の人が聞いて理解できるような受け答えをする」(井口氏)。

話の流れを転換したり、本来伝えるべきことを口にしたりするときは、「ここでひとつ申し上げたいことは」「問題の本質がどこにあるかといいますと」「いずれにいたしましても」「ここまでのお話を整理しておきますと」といったフレーズが効果的だ。専門的には「ブリッジング」という。質問に答えながら本質を伝えることができる手法だ。

「被害者の名前を教えてください」という質問に対して、「できません」だけでは言葉が足りない。「今すべきは、被害をこれ以上広げないことです」と企業の考えを付け加えることで、それ以上の追及も避けやすくなる。

「会見」のポイント

①企業の考えをメッセージとして伝える
②回答に新規性、具体性、社会性を盛り込む
③商品戦略は長期成長ストーリーを語る
④質問に反射的に答えずに間を置く
⑤「先ほども申し上げたように」は禁句

（ライター・大正谷成晴）

あなたの敬語は間違っています!

ライフスタイリスト・北條久美子

敬語は本当に奥が深い。間違った使い方であっても、時を経て一般的に使われるようになると正しい敬語になることもある。また、言語の地域性の影響を受けるほか、シーンによって慣用的に使用され正否が複雑なケースもある。だから私は、敬語を「生き物」として捉えている。そんな敬語の、ビジネスにおける正しい使い方を誤用の例から見ていこう。

生き物である例の1つは、「全然」という言葉。本来はその後に「○○ない」と否定が来なければならない。しかし、いつしか「全然(肯定)」が使われるようになり、それが用法として誤りではなくなった。「れる」「られる」の「ら」抜き言葉も同様だ。

相手方に対して在否を聞く際の「○○さんはおられますか」は、「おる」という謙譲語を相手に使った誤りだが、愛知など中部地方では「おられる」が尊敬語に相当し、正しい使い方になる。いつしかそれが東京でも一般的に使われるようになっている。敬語には、こうしたグレーゾーンが増えている、正否の複雑な現状がある。

ビジネスに敬語は必須だが、普段から尊敬語、丁寧語、謙譲語の区別を意識している人は少ないだろう。尊敬語と謙譲語で言葉が変わるときに、相手に関して謙譲語を使ってしまうのが、実際によくある間違った敬語の使い方だ。

例えば「お客様が申されたことは」。「言う」の尊敬語は「おっしゃる」、謙譲語は「申す」「申し上げる」。正しくは「お客様がおっしゃったことは」になる。ところが、自分に使う謙譲語の「申す」に「れる」「られる」がついた、まったく間違った使い方になっている。電話応対でも「私、○○と申します」と名乗った相手への「○○様でございますね」という復唱は誤り。尊敬語で「○○様でいらっしゃいますね」が正解。丁寧なようだが、謙譲語の「ございます」を相手に使ってしまっている。

業界依存型の敬語も

「受付でうかがってください」や「拝見してください」「とんでもございません」も誤った使い方。正しくは「受付でお聞きになってください」「ご覧になってください」「とんでもないことです」。へりくだろうとして、おかしな敬語になってしまっているのだ。尊敬語や丁寧語などを丁寧に使おうとして謙譲語と混同し、きれいな言葉を使っているようなマジックにかかる。これはけっこう多いパターンなので覚えておこう。

さらに、業界依存型の敬語もある。例えば「部長」に「様」をつけるのは、二重の敬称になる誤りだが、不動産業界のようにわかっていてあえて使っている場合もある。アルバイト敬語と称される、相手に何かを渡すときに「○○になります」も誤った敬語。正解は「○○です」。

そして、ビジネスシーンにおいてよく耳にする誤用が二重敬語。例えば、相手側に関して使う「おっしゃられる」。「言う」がすでに尊敬語「おっしゃる」に変わっているのに、さらに「れる」「られる」をつけて二重敬語になってしまっている。「お越しになられる」も同様。「お越しになる」「来られる」が正解だ。

こうした形を変える敬語に「れる」「られる」をつける二重敬語は、丁寧に言おうとして過剰になるケースが多く、年代を問わず使っているのを耳にする。二重敬語がそんなに悪いかといわれると、聞いた感じや印象は決してそうでもない。しかし、「敬語を正しく使う」という意味では誤りだ。

一方、より丁寧にしようとして、つけられてしまう「れる」「られる」だが、日本語としてあまり美しくないとされている。「帰られました」は尊敬語として正しいが、「お帰りになりました」のほうが言葉の響きが美しい。社内で上司に「社長はまだいる?」と聞かれたら、「社長はもう帰られました」は正解だが、言葉の響きとしては「もうお帰りになりました」のほうが美しいので、そちらを使うのが一般的になっている。これも敬語の難しいところだ。

そのほか、若い人がよく使う言葉を見ていく。「なるほど」は目上の人が部下からの話に納得したときに使う言葉になる。本来はそういった使い方の決まりはないのだが、何十年とそう使われてきて、そういう言葉と理解している人が多い。取引先など社外に対しては使うべきではない言葉だろう。

ただし、自分に落とし込むような「なるほど」であればOK。ニュアンスや言い方が大事なのだ。だが「なるほどですね」は論外。マイルドに聞こえるが「ですね」がつくのがそもそも言葉としておかしい。「おっしゃるとおりです」などに置き換えたほうがいいが、「なるほど勉強になりました」など後ろに何かをつけるのはいい。

カジュアルな言葉に注意

注意したいのはカジュアルな言葉。謝罪の「申し訳ございません」が「すみません」だとカジュアルすぎる印象になる。承諾の「了解しました」も同様。ビジネスにおいては「かしこまりました」「承知しました」が一般的だ。しかし、近年はベンチャーなどフラットな会社も増えてきており、「了解です」がこの先よしとされるようになっていくかもしれない。

「すみません」は「恐れ入ります」「恐縮です」といった枕詞的なクッション言葉として使われることもある。なくてもいいが、つけると相手が気持ちよく受け取ってくれるといった、言葉を軟らかくする効果がある。

ビジネスの世界では10代から80代まで年齢層は幅広い。誰もが気持ちよくコミュニケーションし、ビジネスを円滑に進めるために、敬語が存在する。であれば、自分たちの周りだけで使うのはよいかもしれないが、「すみません」「了解です」がカジュアルだと知っておくことが大事になる。

誤用例を通していえるのは、複雑に思われがちな敬語だが、実はシンプルでいいということ。そして、ビジネスにおいては尊敬語、謙譲語、丁寧語の使い分けが大切になる。とくに「いらっしゃいます」と「ございます」は使用頻度が高く、この使い分けができていると、敬語をしっかり理解していると思われる。相手に「ございます」を使わないのは重要なポイントになる。

実は間違っている敬語

間違っている敬語	謙譲語、尊敬語、丁寧語	普通の言い方
おっしゃられる（二重敬語）	申す、おっしゃる	言う
お聞きになられる（二重敬語）	伺う、お聞きになる	聞く
ご覧になられる（二重敬語）	拝見する、ご覧になる	見る
お越しになられる（二重敬語）	参る、お越しになる（来られる）	来る
とんでもございません（とんでもないが1つの言葉）	とんでもないことです、とんでもないことでございます	とんでもない
おられる（※地域性から使われるようにもなっている）	おる、いらっしゃる	いる
部長様（敬称が二重になっている）		部長

カジュアルな言葉に注意

カジュアルな言葉	敬語
すみません	恐縮です、恐れ入ります
了解です	承知しました、かしこまりました
頑張ります	努力します
ちょっと	少々、少し

「なるほど」は慣習的に目上の人が使う言葉になっている。目上の人には基本的に使わない。もしも思わず出てしまったら、言葉をプラスするのがよい。「なるほどですね」は論外

目上の人が使う言葉

目上の人から下の人へ使う言葉	下の人から目上の人へ使う言葉
ご苦労さま	お疲れさまです
なるほど	なるほど勉強になりました、なるほど知りませんでした

尊敬語、謙譲語などはネットにも一覧表があるので、それを手元に置き、自分が敬語を正しく使えているかをつねに確認するといいかもしれない。敬語の本やビジネスマナー本を読み、1カ月間だけ敬語に注意して、自身を高めていくのもいいだろう。

正しい敬語を知っておけば、いつどんな場面でも自信を持って臨めるようになる。

北條久美子（ほうじょう・くみこ）
研修講師などを経て、エイベックス・グループ・HD入社。人事部で教育担当。独立後、企業や大学でビジネスマナー・キャリア研修を開催。著書に『仕事の基本　社会人1年生大全』など。

進行役はまず熱量管理　発言は主体性を持って

エバーグローイングパートナーズ代表／事業成長支援アドバイザー・佐藤将之

会議での議論を活性化させ有意義な場にするためには、ファシリテーター（進行役）の役割がたいへん重要だ。会議全体が冷めすぎも熱しすぎもしないよう、熱量（雰囲気）をいかにコントロールしながら進めていけるかが腕の見せどころ。会議の成否は、ファシリテーターの運営次第で決まってくる。

【意思決定会議】

議案の説明から入るのが一般的だが、アマゾンではその場で議案資料が配付され、それを各出席者が最大15分間かけて黙読するのが通例。その間、質問はいっさい受け付けない。出席者全員に議案内容をしっかり把握してもらい、黙読後に質問や議論に移る。

議論がうまくかみ合っている間はいいが、意見が分かれて議論が熱くなり収拾がつかなくなったとき、ファシリテーターは「ちょっと冷静になろう」と声をかけて熱を冷ます。一歩引いてお互いの主張を聞いてみることが求められる。高台に上がってみんなの動きを俯瞰する会議運営手段の1つで、アマゾンでは「バルコニー」(いったん冷静に全体を見渡すため、高台に上がって、みんなの動きを確認すること）と呼ぶ。これにより今までとは違う観点へ議論を導ける。

逆に、発言が少ない人にはどう対処するか。意思決定会議では出席者にはハッキリと意思表明を行ってもらう必要がある。発言の少ない人は賛成だから意見がないのか、それとも意見があっても言いよどんでいるのかがわからない。後者の場合、頭の中にモヤモヤとある意見をうまく言語化できない人もいる。そのときは、ファシリテーターから「あなたの言いたかったことは、○○ということですよね」と言葉を足してやる。これを「リフレーズ」（言葉の足りない部分の補足や言い換え。発言の少ない人の意見を引き出す）と呼び、発言の少ない出席者に意見表明を促す運営手段だ。

また、発言の中には、重要な視点だが本筋からずれている意見も時にはある。問題は、そういった意見がちょっとした盛り上がりを見せ、その流れがしばらく続いてしまうと、会議の場の集中力が途切れてしまうこと。そうならないように、この種の意見はホワイトボードの片隅にいったん保留しておく（「パーキングロット」大事な視点だが、本筋とは異なるポイントなので、一時的に保留しておくこと）。その後で必要なら取り出し、不要なら消去する。そうすれば、発言者のプライドも傷つかない。

意思決定に当たり、アマゾンでNGだったのは「ソーシャルコヒージョン（社会的一体性）」。創設者のジェフ・ベゾス氏が嫌っていた考え方で、「社会的なしがらみに配慮して妥協するような結論の出し方はやめるべきだ」ということ。社内や部署の利益が優先され、顧客の思いが反映されていない施策、足して2で割ったようなアイデアは実施する意味がない。

【アイデア出し会議】

意見が出る環境をつくることが大切。ただ、座って「意見を出してください」と言ってもうまくいかない。ファシリテーターは考えうるお題をいろいろな角度から振ってみる。議題に対してさまざまな質問を投げてみて意見を聞くのもいい。

とくに議題を挙げた部署とは異なる所属の出席者からの発言は求めたほうがいい。エキスパートの常識とは違った新たな視点で、いいアイデアがポロッと出てくるかもしれないからだ。出てきた意見をいくつかにグルーピングしておくのもファシリテーターの仕事。そのため、議題をどう分解すべきかを事前に設計しておく。

粗削りでも、アイデアは早くどんどん出してもらったほうがいい（「クイックアンドダーティ」ブレーンストーミングで肝要なのは完璧な解ではない。粗削りでも早く提案すること）。最初からあまり精度を求めすぎてしまうと、意見が出なくなるし決まらない。スピードを落としてまで最終的な品質を過剰に高めることは得策ではないのだ。構想3年などと言っていたら、完成したときには世の中がすっかり変わっている。不確実性は高まっており、あくまでスピード重視でいくべきだ。

アイデア出し会議では、よく「そんなものは売れない」などと、せっかくの意見に対して批判が出たりする。そんなとき、ファシリテーターは「売れない根拠を教えてもらえますか。論理的に説明してください」との投げかけが必要。ファクトも裏付けもないなら、その批判は単なる感情論にすぎない。逆にリーズナブルな批判ならそれに従えばいいわけだ。

また、そもそもアイデア出し会議の人数は多くないほうがいい。アマゾン内ではよく「2ピッツァ」という言葉で表現する。2枚のピザを食べられる程度の人数で、6〜8人だ。関係者が大人数いる場合なら、数チームに分けてディスカッションしてもらう。そうしないと、アイデアが深まらないからだ。

【進捗管理会議】

実施することが決まった後のキックオフまでの会議や、立ち上げ後のパフォーマンスを測る会議がこれに当たる。期限を決め、問題は起きていないか、KPI（重要業績評価指標）など目標数値を達成できているかをチェックしていく。

異常値が出たり、伸び率が頭打ちになったりしたら、「ダイブディープ」（進捗会議では徹底的な深掘りが必要。「なぜ」を納得のいくまで突き詰めること）をすべきだ。真因に迫るために問題点を深掘りすることだ。表面的なＫＰＩの数値は達成していても、別の数値が悪かったりした場合、何か負の影響を与えているものがないかを確認していく。


これまでの3つの会議に共通することとして、会議の最後の5分間はクロージングに充てる。基本的にはその日の会議の決定（同意）事項を振り返り、次の会議の日程や議題を伝える。意思決定会議の場合は、決定後の進捗度を測るＫＰＩ、ＫＧＩ（重要目標達成指標）など「メジャー・オブ・サクセス（成功の度合いを測る指標）」を決める。

さらに、会議出席者の心構えとして重要なのは、〝自分事〟としてその会議に参加できるかという点だ。「これは他人の仕事だから自分には関係ない」との思いで会議に臨んだのでは、会社全体にとってマイナスだ。誰が主宰する会議であっても主体性を持って発言し、おかしいと思ったら異を唱える。そして議案に反対していたとしても、いったん決定したら100%コミット（同意）する姿勢が肝要だ。

「会議」のポイント

①会議全体の熱量をコントロールする
②顧客の思いが反映されない意思決定はNG
③アイデア出しでは多様な角度からお題を振る
④出席者はつねに〝自分事〟として考え発言する

（構成・鈴木雅幸）

佐藤将之（さとう・まさゆき）
旧セガ・エンタープライゼスを経て、2000年7月に立ち上げメンバーとしてアマゾンジャパン入社。05年物流センターのオペレーション責任者。18年から現職。

「出席者の雰囲気を読み　冒頭5秒で状況判断を」

戦略コンサルタント／事業プロデューサー・山本大平

トヨタ自動車やTBSテレビなどでの経験から学んだ「会議運営の極意」について、『トヨタの会議は30分』の著者である山本大平氏に聞いた。

――上手な会議運営のポイントは。

最も求められるのがファシリテーターのプロデュース力と要約力（まとめる力）だ。プロデュース力とは、当該の会議は何のために開くのか（目的）、誰を招集するのか（キャスティング）、出席者にはそれぞれ何を求めるのか（役割付与）の3点を明確にする能力。そのうえで、会議の目的を達成するために、各出席者が用意してきた意見や材料をその場で披露させ、そこから抽出されるエッセンスを目的に即してまとめ上げる能力が求められる。

リアルタイムでハンドリングできる要約力があるかないかは重要。その会議を仕切る力と、ホワイトボードやスプレッドシートにまとめる力だ。また、ファシリテーターは冒頭5秒で出席者の雰囲気を読み取り、会議でどこまで決めるのかをイメージして臨まないと、会議は30分で終わらない。

――会議の出席者はどういった態度で臨むことが理想ですか。

会議に出席する自分の役割をしっかり理解し、準備して臨むことに尽きる。会議中は基本的に「口2耳8」の心構えでいるのが会議進行上でも絶妙なバランスだ。

「口2」とは自分の発言をきちんと要約すること。もちろん活発な発言は必要だが、会議は決まった時間内で目的を達成しないと非効率に陥るので、あくまで議題と求められる役割の中で出席者は話すべきだ。求められてもいない余計なことを話すのは時間の無駄になる。「耳8」とは相手の発言内容をよく聴き、会議の流れを見極めることだ。

出席人数は必要最小限で

——会議は盛り上がるほうがいいと考える人もいますが。

たとえ発言が活発に出なくても、会議の本来の目的が達成されればそれでいい。会議を活発化させるためにやたらと出席人数を増やすのではなく、ファシリテーターとしてはむしろ、必要最小限の人数に絞り込む工夫をすべきだ。

——意見が少ないのも困ります。

会議の目的に見合った発言が少ない場合、原因はファシリテーター側の出席者の人選が間違っているか、出席者の準備不足の2つ。もし後者なら、その人は厳しい言い方をすれば給料泥棒だ。つまり、意見が出にくい状況は会議開催前の段階から排除できる。

——問題解決会議と企画会議の運営方法の違いは。

問題解決会議はゴール設定がしやすいはず。大きな問題なら、問題を分解してその分解された課題ごとにアジェンダ化し、真因と解決策、スケジュール、次の会議までには何をして、その会議では何を話し合うかを決めておく。

企画会議は別だ。クリエーティブの会議に正解はない。その場では何を目的に何を話し合うのかといったことくらいは決められても、どのアイデアを採用するかまでは決められない。クリエーティブは論理の世界ではないので、その道のプロ（企画責任者）が決めるのがよい。ただ、そのプロに向けてこんなアイデアもあると情報を出すのには意味がある。いちばんいけないのは企画会議で多数決を採ること。反対の多かったアイデアが大成功した例は少なくない。

――会議によくいる〝評論屋〟への対策は。

きつい言葉だが、「評論はサルでもできる」と言われて育った。〝評論屋〟はすぐさま退場させる会社もあるほどだ。相手の発言に反論したり、批判したりするときは、必ず代替案を出すこと。評論する側というのはつねに安全サイドにいる。自分も否定される立場にならないといけない。

(聞き手・鈴木雅幸)

山本大平(やまもと・だいへい)

F6 Design 代表取締役。トヨタ自動車に入社後、TBSテレビ、アクセンチュアなどを経て、2018年に経営コンサルティング会社 F6 Design を設立。

会議でよく見かける〝困った人〟の対処法

日本メンタルアップ支援機構代表理事・大野萌子

大勢が採択に賛成の流れになっているのに、誰かがかたくなに意見を曲げなかったり、「どうも納得がいかない」と固執したりして、遅々として会議が進まず、ほかの出席者が疲弊していくといった場面。こだわりが強い人は、自己愛的な主張が強い傾向がある。明らかに駄々をこねているように見えるケースでは、本人の承認欲求が満たされていなかったり、振り上げた拳を下ろすタイミングを失っていたりする。

そんなときには、ファシリテーターが「大抵にしてもらえますか」「いいかげんにしてください」というような、無理やりに先に進めるようなやり方は基本的にNGだ。より一層相手をかたくなにさせてしまいやすい。このような場面では、「譲れない点だけを挙げてください」と、いちばんのこだわりを聞いてあげることで、気持ちを落ち着ける方向に持っていこう。そのうえで、それ以外のことは譲歩してもらうように促すことが得策だ。

会議を妨げる「4H」

意見を求めても、具体的な返答をすることなく「とくに意見はありません。私のことはいいですから」と発言する人がいる。傍観者のような態度で、周囲からは面倒な人と思われやすい。特段の意見がなく、ほかの人の意向に合わせるつもりなら、「皆さんの意向に合わせます」と、はっきりと意思表明すべきであり、ファシリテーターは意思を確認すべきだ。

そして、決断を委ねたなら、決まったことに従うことも大切だ。「私のことはいい」という人ほど、決まったことに後で文句を言ったりする傾向もある。もし、避けてほしい選択肢があるなら、「○○以外は、同意します」と、明示することが望ましい。

一方、会議進行上、出席者側の心構えも必要だ。クロスファンクショナル（組織横断的）な会議の場合、利害関係も働き、お互いに腹の探り合いにもなりがち。そうした状況ではのちのち禍根を残さないように、波風を立てず、不必要に敵をつくらないほうがいい。

他人の意見に対して、あからさまに「非難」したり、「口で言うのは簡単だよね」や「その考え方、間違っていますよ」などと、「批判」や「否定」の言葉を軽々に使ったりするのは避けたほうがいい。誰かとの「比較」も禁物だ。相手の意見や主張をいったん受け止めたうえで、自分の意見を述べるようにしたい。この「４Ｈ」を避けるだけでも、会議の進行には役立つ。

そして、発言するときは曖昧な表現や、回りくどい言い方をしないことも重要だ。察する文化とはいえ、相手が察してくれるとは限らない。また、わかりにくいメッセージや態度でしか表していないのに、察してくれないと腹を立てるのは論外。伝わりにくいオンラインではなおさらだ。明確で簡潔な言葉、そして相手を尊重して発言すれば問題は極小化できる。

INTERVIEW　国際紛争調停人が語る「最強の交渉術」

「ゲームチェンジの瞬間を見逃すな！」

国際ネゴシエーター／KS International Strategies ＣＥＯ・島田久仁彦

国連の紛争調停官として、コソボ、東ティモール、イラクなどの紛争調停に携わったのが島田久仁彦氏である。数々の紛争地域で威力を発揮した交渉術について島田氏に聞いた。

――国連でのコミュニケーションの苦労は？

最初は割り増しして話す癖があった。そうしないと認めてもらえない。2割増しで話していた感覚だが、周りもわかっていた。お互い人種などが違うので、一生懸命に話の裏を取る。少しずつ「おまえできないじゃないか。そんなわけないだろう」という雰囲気になり、つじつまの合わないことが増えていった。

「いろいろ調べてみたが、僕が正しいんですよ」とまくし立てる。でも相手は僕が一方的に思い込んでいる話を聞きたいわけではない。あるとき、父親や上司からアドバイスをもらった。「一度、人の話を最後まで聞いてみろ」とね。

1回、ひざの上に手を置いて、ギューッと握りしめて我慢してみた。そして、最後まで話を聞いてみたら、「あれ？　思っていた話と全然違うわ」と気づいた。人の命を扱うような仕事をしていたので、書く内容、話す言葉一つで下手したら1つの街が吹っ飛んでしまう。自分はなんて愚かだったのかと後々すごく反省した。

——海外と日本との違いは？

日本はよくも悪くも、間を読む文化だ。「わかるよね？」と聞かれたら、「はい、わかります。こういうことですよね」と。海外で同じことはできない。相手は言われたことを自分なりにそしゃくしながら、目的が曖昧なまま突っ走ってしまう。「何で君は言われたことをやらないんだよ」と言ってみても、「いやいや、あなたはそんな指示はしていない」という行き違いが多い。それが大きな問題に発展することもある。

僕が日本の企業などにアドバイスするのは、「面倒くさがらずに丁寧に説明してください」ということ。「今まで言ったところで何か疑問はない？ 僕は今こう考えているけど、あなたに同じように伝わっている？」。海外スタッフはもちろん、日本人の若い世代にもそうやって時間をかけてコミュニケーションを取ったほうがいい。

息継ぎの瞬間を注視

──ビジネスの交渉事で注意すべき点は。

意見を尋ねられるまでは黙って聞く。目の前の相手になり切るぐらいのつもりで話を聞く。そして、「あなたがおっしゃりたいことはこういうことでいいですかね？」と一つひとつ確認していく。

そのうち、相手は必ず「ふぅー」と呼吸をしたり、水を飲みながら息継ぎをしたりする。そこが確認のタイミングだろう。できれば少しだけ間を置く。すると、「私が言いたいのは大体そういうことなんだが、まだ足りない部分がありそうだ」と、追加で話してくれる。

自分があえて言わなかった交渉のキーワードをどうやって相手に言ってもらえるかが大切だ。「要はこういうことでしょ、こういうことでしょ」と言われると、うるさがられる。逆に「ふんふん」とうなずいて、「もっと聞かせてください。わかりたい、理解したい」という姿勢を示し、言葉を引き出すのである。

「ところであなたはどう思われますか?」と聞かれたときは、ゲームが大きくチェンジするタイミングだ。僕は「応用編おうむ返し」と名付けている。自分の思うような方向にじわじわと持っていくため、「ということは、こういうふうにも言えますよね」などのせりふを入れていく。

――交渉相手のタイプは意識しますか。

僕のように「1回黙ってみろ」と言われる人はイケイケのタイプだが、その裏側に漂うのは自信のなさだ。タフネゴシエーターとして描かれるが、その内側は繊細で、できるだけ気持ちよくしゃべらせてあげる。途中、息継ぎのタイミングで話の確認をする。すると、「そろそろ、おまえの意見を聞いてみよう」という流れになる。

データを持ち出す分析型タイプに真っ向からデータをぶつけるとけんかになる。自分の目的、確認事項などをノートのいちばん上にでも記しておこう。それをつねに見ながら、相手が出してきている情報の確認作業を行う。

どこかでアクションを起こすことも大切だ。そのときも、「すでに時が来てしまったのです。これから申し上げることは、おそらくかなり厳しい内容になると思います。何を言っているの、などと思われるかもしれませんが、お許しください」とワンクッション置いたうえで、本心をぶつける。

「きつい内容が来るらしい」と心理的な準備をしてもらうことが重要で、そうすると、大体の場合は予想された最悪の事態に比べるとはるかにマシな交渉になる。

相手によってアプローチはやや異なるが、基本は相手の話をよく聞いて、内容を整理すること。お互いに平行線だと思っているところで、「ノー」ではなく、「あなたの言っていることに反対する前に一度、あなたの主張や提案を理解できているか、一緒に整理させてもらえませんか」と話してみる。自分の意見は言わず、「先ほどのこの案件についてのご意見は、こういうことでよろしいですよね」と。その後の相手からの追加説明は新しい情報にもなる。

そういう作業をやっていくと、心理的な結び付きが生まれてくる。程よいタイミングで、「今度は同じようなことをしていただいていいですか?」と提案する。

自分の意見をきちんと時間とエネルギーをかけて聞き、整理してもらえたので、相手も同様のことをしてくれる。こうして進めると、しこりは残らない。最終的にうまくいかなくても、「やっていられるか」と席を立つのではなく、「今回は歩み寄れないが、今後もあなたと話ができそうな気がする」という関係ができる。

爪先はうそをつかない

妥協に妥協を重ねて、本社で怒鳴られそうなものを持って帰るよりは、「それは本当に弊社的には無理なので、ごめんなさい」と言って席を立つのもひとつ。日本式の交渉術で「本社に戻って、相談したうえでご返事します」というのは外国人には嫌がられるが、実は最強の交渉術である。

僕はバックテーブルと呼ぶ。後ろの見えない所にもう1個テーブルがあって、そこに決定権者たちがずらりと並んでいるとイメージさせる。そこに責任を押し付けるようにして、とりあえずその場を逃れてしまうというのが、「ノー」の1つの突きつけ方でもある。

――相手の心理を読むコツは。

人間がいちばんうそをつけないのはどこか？　それは爪先。交渉中、「そうなんですよね」と言いながら、「あーっ」と物を落とす。それを拾って立つ間に相手の爪先を見る。どこを向いているかで、今の話への関心度が想像できる。自分のほうに爪先が向いていたら関心あり。爪先が揺れていて、そのうち手が遊び出し、ペンが揺れる。そのときは、「動揺しているのかなあ」と感じる。

自分が「やばい」と思ったときは、とりあえず相手の話を聞いてみる。「この人の頭の中に入ってみよう」と言い聞かせていると、気持ちが徐々に落ち着き、打開策が見えてくる。

（聞き手・堀川美行）

島田久仁彦（しまだ・くにひこ）

1975年生まれ。98年から国連の紛争調停官としてコソボなどの紛争解決に従事。紛争地での人権保護、女性の権利向上、アフリカ開発などの調停も行う。著書に『交渉プロフェッショナル　国際調停の修羅場から』など。

【週刊東洋経済】

本書は、東洋経済新報社『週刊東洋経済』2021年10月2日号より抜粋、加筆修正のうえ制作しています。この記事が完全収録された底本をはじめ、雑誌バックナンバーは小社ホームページからもお求めいただけます。

小社では、『週刊東洋経済 eビジネス新書』シリーズをはじめ、このほかにも多数の電子書籍ラインナップをそろえております。ぜひストアにて「東洋経済」で検索してみてください。

『週刊東洋経済 eビジネス新書』シリーズ

No.368 老後マネーの育て方
No.369 製薬 大リストラ
No.370 リスクシナリオ 2021
No.371 富裕層マル秘マネー学
No.372 コロナ時代の新住宅事情

No.373　日立・三菱重工の岐路
No.374　脱炭素サバイバル
No.375　郵政崩壊
No.376　脱・ストレスの処方箋
No.377　働き方と経営の法律
No.378　コロナ倒産危機
No.379　車載半導体　争奪戦
No.380　マルクス　vs．ケインズ
No.381　医療テック最前線
No.382　漂流する東芝
No.383　不動産投資　光と影
No.384　コンサル全解明
No.385　大転換の商社ビジネス
No.386　会社とジェンダー

No.387　全解明　経済安全保障
No.388　ソニー　掛け算の経営
No.389　２０５０年の中国〔前編〕
No.390　２０５０年の中国〔後編〕
No.391　相続の新常識
No.392　無敵の文章術
No.393　物流　頂上決戦
No.394　すごいベンチャー２０２１〔前編〕
No.395　すごいベンチャー２０２１〔後編〕
No.396　米国株　超入門
No.397　ビジネスと人権

週刊東洋経済eビジネス新書　No.398
無敵の話し方

【本誌（底本）】
編集局　鈴木雅幸、堀川美行
デザイン　dig（成宮　成、山﨑綾子、峰村沙那、坂本弓華、永田理沙子）
進行管理　平野　藍
発行日　2021年10月2日

【電子版】
編集制作　塚田由紀夫、長谷川　隆
デザイン　市川和代
制作協力　丸井工文社
発行日　2022年8月18日　Ver.1

発行所　〒103-8345
東京都中央区日本橋本石町1-2-1
東洋経済新報社
電話　東洋経済コールセンター
03（6386）1040
https://toyokeizai.net/
発行人　駒橋憲一

電子書籍化に際しては、仕様上の都合などにより適宜編集を加えています。登場人物に関する情報、価格、為替レートなどは、特に記載のない限り底本編集当時のものです。一部の漢字を簡易慣用字体やかなで表記している場合があります。本書は縦書きでレイアウトしています。ご覧になる機種により表示に差が生じることがあります。

※本刊行物は、電子書籍版に基づいてプリントオンデマンド版として作成されたものです。